전주가
설레기
시작했다

송재영의 설레는 이야기

전주가 설레기 시작했다

송재영

신아출판사

전주에 살고 있어 행복합니다

어느 날 문득, 전주가 달라 보이기 시작했습니다.
늘 곁에 있어 익숙했던 골목과 산, 하천과 시장이
그저 '있는 풍경'이 아니라
말을 걸어오는 존재처럼 느껴졌기 때문입니다.

아침 햇살이 닿는 전주천의 물결,
저녁 무렵 사람들이 모여드는 삼천동의 거리,
조용히 시간을 견뎌온 팔복동의 벽과 철길,
그리고 오래도록 우리를 내려다보고 있는 모악산까지.
이 도시의 곳곳에는
말없이 쌓인 시간과 삶의 이야기가 깃들어 있었습니다.

이 책은 거창한 계획서도, 완성된 답안지도 아닙니다.

그저 한 사람의 시선으로 전주를 다시 바라본 기록입니다.
살아오며 스쳐 지나갔던 장소들을 잠시 멈춰 서서 바라보고,
그 안에 담긴 기억과 의미를 조심스럽게 글로 옮겨보았습니다.

전주는 늘 사람의 도시였습니다.
빠르지 않아도 괜찮고,
조금 낡아도 쉽게 버리지 않으며,
사람의 온기를 중요하게 여겨온 도시입니다.
그래서 전주의 변화는 조금 느리고 조용합니다.
하지만 그 느림 속에는 오래 남을 힘이 있다고 믿고 있습니다.

이 책을 쓰며 전주가 설레기 시작했다는 말이
결코 과장이 아니라는 생각이 들었습니다.
도시는 새로 지어질 때보다 사람이 다시 관심을 가질 때
가장 크게 변하기 때문입니다.
누군가 한 번 더 바라보고, 한 번 더 걸어보고,
한 번 더 이야기를 꺼낼 때 도시는 서서히 숨을 고릅니다.

이 글들이
전주를 잘 아는 분들께는 익숙한 풍경을 다시 떠올리는 계기가 되고,

전주를 처음 만나는 분들께는 이 도시를 조금 더 알고 싶어하는 작은 설렘이 되었으면 좋겠습니다.

무엇보다 이 책이 전주에 사는 우리 모두에게
“이 도시를 어떻게 가꾸며 살아가야 하나”에 대해
함께 생각해 보는 조용한 대화의 시작이 되기를 바라봅니다.

전주는 이미 충분히 살기 좋은 도시입니다.
다만, 그 가치를 스스로 잊고 있었을 뿐입니다.
이 책이 전주의 시간을 다시 불러내고,
그 시간 위에 설레는 미래를 얹는데
작은 도움이 되기를 소망합니다.

오늘도 전주는 크게 소리 내지 않고 천천히 설레고 있습니다.
그 설렘의 시작에 이 책이 함께하길 바랍니다.

2026년 새해 벽두에

자인당에서 **송재영**

차례

chapter 1 송재영의 설레는 전주 이야기

가난했지만 아름다운 시절

나를 키운 전주

함께 *Together*

살고싶은 전주를 생각하다

내일 *Tomorrow*

내가 그리는 전주의 미래

chapter 2

송재영의 우리동네 이야기

전주가
설레기
시작했다

1 chapter

송재영의
설레는 전주 이야기

· chapter 1 ·

송재영의 설레는 전주 이야기

기억

Memories

가난했지만 아름다운 시절

팔복동에서 꿈을 꾸다

나를 찾아 완산칠봉을 걷다

평화동에서 자가시대를 열다

치열했던 삶의 현장, 용머리고개

전주에는 전주천과 삼천천이 있다

팔복동에서 꿈을 꾸다

봄이 되어 팔복동 이팝나무 철길을 걸었다. 몇 해 전부터 사오월이 되면 팔복동 철길 옆을 따라 피는 이팝나무 꽃을 보기 위해 전주시민은 물론이고 전국의 사진작가와 여행객이 모여든다. 이팝나무가 이팝나무지 별거 있나 싶어 찾지 않다가 소문에 소문이 돌면서 한 번은 가야 할 것 같은 마음에 어머니와 함께 찾게 되었다. 목적지에 다가갈수록 차량의 속도가 늦어지며 사람들도 많이 보이기 시작했다. 예상과 달리 이팝나무 철길 위를 서서히 진행하는 열차를 마주하는 풍경은 입이 딱 벌어질 정도로 예술 작품 그대로였다. 봄이 되면 찾아야 할 명소가 하나 더 생긴 것이다.

이팝나무를 배경으로 마음껏 사진을 찍고 옆에 위치한 팔복예술

2
2

공장을 찾았다. 10년 전, 오랫동안 방치되었던 카세트테이프 제조 공장에 문화와 예술의 혼을 불어넣어 전주형 예술교육 플랫폼으로 무한 상상 예술놀이터가 탄생하였다. 황량했던 지역에 많은 작가들이 입주하여 활동하고 있고, 공연과 각종 프로그램, 창작활동 등으로 생기 넘치는 공간이 되었다. 옛 공장의 흔적이 남아 있는 예술공장의 여기저기를 거닐던 어머니는 잠시 의자에 앉아 상념에 잠긴 듯했다.

막 입구를 들어서는데 공장 한편에서 젊은 사람 앞에 서 있는 아버지가 보였다. 반가움에 막 부르려는데 뭔가 분위기가 이상했다. 젊은 사람이 아버지에게 뭐라고 하는 것처럼 느껴졌다. 자전거에서 급히 내려 다가서는데 아버지에게 화를 내며 소리를 치고 있었다. 나이도 어린 사람이 아버지에게 함부로 하는 것을 보니 나도 모르게 달려들어 왜 그러냐고 따지게 되었다. 일순간 공장 동료들이 쫓아와 나를 떼어내어 구멍가게로 데리고 갔다. 이런저런 설명을 하였지만 결국 그 사람은 택시 회사의 사장인데 그 사람이 거래처를 바꾸어 차량 수리를 맡기지 않게 되면 공장에 타격이 생겨 아버지에게도 좋지 않으니 참으라는 것이었다. 아버지의 모습을 볼 자신이 없어 그대로 집으로 왔다. 그 후에도 아버지에게는 그날 무슨 일이 있었는지에 대해 묻지 않았다.

아버지는 자동차공업사에서 선반 일을 하는 공장 노동자이셨다. 아버지가 일하시는 공장이 집과 고등학교 중간에 있어 학교가 일찍 끝나는 날이면 가끔 들러 아버지를 보곤 했었다. 이 일이 있은 후로는 아버지를 보러 공장에 가지 않았다. 정확한 이유는 모르지만 사장이라고 공장에서 일하는 사람을 함부로 대하는 것 같아 속상하고 마음이 무척 아팠다. 그 사건을 계기로 무엇을 하며 어떻게 살 것인지에 대한 꿈이 생기기 시작하였다.

어릴 적 쇠로 된 방문고리를 잡으면 겨울에는 차고 여름에는 뜨거웠던 기억이 있다. 아버지는 그런 쇠붙이를 평생 깎고 조이고 만지며 사셨다. 팔복동 공단은 우리 가족 6명의 생계가 달려있는 아버지의 직장이었다. 휴일을 빼고 단 하루도 쉬지 않고 뒷좌석에 도시락을 멘 자전거를 타고 완산동에서 팔복동까지 20리 거리를 다니셨다. 그런 모습을 평생 지켜보며 함께 하셨던 어머니가 아버지를 떠올리고 계시는 것 같았다.

퇴직을 하고 송달업무를 하였었다. 맡은 지역이 팔복동도 포함되어 일주일에 며칠은 동네 구석구석을 돌아다녔다. 외곽의 모습은 조금 바뀌었으나 내부로 들어서자 예전 모습 그대로였다. 골목길은 좁아 차량이 들어가기도 어렵고 굽이굽이 교차 보행도 쉽지 않은 곳이 많았다. 서류 전달을 위해 집안에 들어서면 예전 구로공단 쪽방촌을 연상케 하는 모습 그대로인 곳도 많았다. 방과 부엌의 구분도 없는 슬레이트 지붕 아래서 연탄을 사용하는 부뚜막에 앉아 끼니를 해결하고, 여러 세대가 공동변소를 사용하며 하루하루 힘겨운 날들을 보내고 있었다. 6~70년대 공장 근로자들의 고단한 삶이 아직도 진행형으로 남아 있다는 사실이 놀라웠다. 80년대 산업화를 거치며 경제적으로 비약적인 발전을 하여 화려한 도심의 조명이 춤출 때 빛의 반대편엔 더 칠흑 같아지는 어둠의 흔적이 남아 있음을 간과하고 있었던 것이다.

과거로부터 떨쳐 나오려는 듯 자리에서 일어선 어머니는 노랫소리가 들려오는 공연장으로 발길을 옮기셨다. 젊은이들의 활기찬 목소리와 율동을 보며 조금씩 환한 미소를 지으며 현실로 돌아왔다. 모처럼 청년들과 함께 하는 자리여서 쉽사리 자리를 뜨지 못하고 앙코르 곡까지 듣고 나니 해가 지고 주변이 어둑어둑해졌다. 문을 닫는 공장이 많아지면서 팔복동의 저녁은 침묵과 어둠으로 을씨년스럽기까지 하다. 팔복예술공장이 어두운 사막의 오아시스와 같은 역할을 하면 좋겠다는 생각을 했다.

10년 전에 서울 문래동에서 일 년간 살았다. 문래동은 철공소 밀집지역으로 기계부품을 생산하면서 호황을 누렸으나 중국산 부품이 대량 유입되면서 문을 닫는 철공소가 많아졌다. 2000년대에 들어서면서 입주하기 시작한 다양한 예술인들이 문래예술공단을 만들어 예술과 철공소가 공존하는 공간으로 거듭나고 있다. 버려진 철과 낡은 연장들을 활용하여 재탄생한 작품들이 거리 곳곳에 배치되어 있고, 철공소와 예술인 공방 사이사이로 벽화, 조형물이 있어 사진 찍기에도 좋은 장소이다. 〈어벤저스 2〉와 〈아저씨〉, 〈특별

팔복예술공장

시민〉 등 영화와 〈추리의 여왕 시즌2〉와 같은 드라마, 각종 예능의 촬영 장소로도 활용되고 있으니 철에서 예술 꽃이 피어난 것이다.

몇 해 전부터 글을 쓰기 시작했다. 6년 넘게 글을 쓰고 있고 여러 권 출간도 하고 예술인 증명도 받았으니 예술인의 사명감이 생기기 시작했다.

세상을 바꾸는 여러 분야가 있지만
예술도 그 중 중요한 하나의 영역이 아닌가 싶다.

경제적 성장을 통한 변화도 있지만 지치고 힘든 사람들의 육신과 마음을 토닥여 줄 정신적 위로는 예술가의 몫이라 생각한다. 노동자의 아들로 살다 예술가의 대열에 들어서면서 무엇을 하여야 하는지, 어떻게 살아야 하는지에 대한 질문을 던져본다. 내가 글을 쓰는 이유이다.

나를 찾아 완산칠봉을 걷다

과거를 찾아 길을 나섰다. 유년기를 보냈던 옛 동네 입구에 들어서니 가슴이 답답해 오는 걸 느꼈다. 결혼을 하고 술 한잔 거나하게 되면 어린 시절 슬레이트 집에서의 생활을 철 지난 레코드처럼 내뱉곤 하였다. 그런 모습이 안쓰러웠는지 아내가 같이 가보자고 한 것이다. 취업을 하여 독립 할 때까지 완산칠봉을 벗어나지 못하고 산자락을 전전했다. 50년 전만 해도 완산칠봉 자락에는 무허가 집들이 금방이라도 쏟아져 내릴 듯 여기저기 위태롭게 자리해 있었다. 지금은 산 중턱에 있는 동네들이 벽화마을이라는 이름으로 관광명소가 되기도 하였지만 당시만 하여도 전쟁 후 피난민이 자리 잡은 빈민촌의 상징과도 같은 곳이었다.

달동네에 사는 사람들의 주거 환경은 무척 열악했다. 여러 세대가 공동화장실을 이용하고, 슬레이트 지붕에 시멘트 벽돌로 지은 집은 비바람만 간신히 막아주었으며, 덜컹거리는 함석 대문은 곧 떨어져 나갈 듯했다. 연탄 배달도 안되고 수돗물도 잘 나오지 않아 수레나 물지게로 날라야만 했다. 그래도 어머니는 우리 집에서 보는 야경만큼은 그 어디에서도 볼 수 없다며 이렇게라도 온 가족이 함께 생활할 수 있음이 감사하다고 하셨다. 그때의 열악한 환경은 어린 마음에 상처로 남아 오랫동안 아물지 않고 있었다. 아내가 그 트라우마를 지워주겠다며 손을 잡고 나선 것이다.

내가 살던 동네는 완산칠봉 내칠봉의 끝 봉우리인 용두봉 중턱이었다. 세월이 흘러 많이 변하였음에도 길을 따라 걷다 보니 옛 모습들이 되살아나기 시작했다. 양로당을 거쳐 쌀집을 지나 올라가니 함께 살았던 동네 이웃들이 떠오르며 나의 방문을 반겨 주는 듯했다. 집들은 개축이 되어 그때 모습을 찾아볼 수 없지만 골목길 만은 그대로 남아 기억을 찾아가는데 어렵지 않았다. 예전에 살던 집에 다다르니 옛집은 없어지고 터만 남아 과거의 흔적을 보여 주고 있었다. 멀리 시내를 바라보니 예나 지금이나 도심의 풍경은 고풍스러웠다. 한 번은 과거의 내 모습을 찾아보고 싶었는데, 다시

완산칠봉에서 바라본 전주시 전경

완산칠봉

찾아오는데 반백 년이라는 시간이 흘렀다.

과거를 따라 여행을 계속했다. 용두봉에 올라 용머리고개를 내려다보니 아버지와 마주하고 있는 아내의 모습이 떠올랐다. 1990년대만 해도 지역감정이 심하여 아버지가 경상도 출신인 아내와의 결혼을 반대하셨다. 아버지는 인사 온 아내와의 만남이 불편하셨는지 용두봉으로 자리를 피하였는데, 아내가 따라가서 끈질긴 설득으로 허락을 받았던 곳이다. 우리의 결혼이 서동요까지는 아니어도 경상도 여자와 전라도 남자의 만남이다 보니 당시만 해도 조

장군봉

금 극적이기는 했다. 지금 우리가 살고 있는 모습을 보고 계신다면 그때 허락을 잘하였다고 생각하실 것 같아 다행이다.

용두봉을 지나 백운봉, 무학봉까지 등선을 따라 걸었다. 맞은편에서 고개를 떨구고 걸어오는 청년이 보였다. 대학시절 시험에 계속 낙방하면서 괴롭고 힘들 때면 찾아와 답답한 마음을 달래던 능선길이다. 특히 가을 무렵이면 길을 따라 울긋불긋 물든 나뭇잎들이, 찢기고 멍든 상처를 어루만지듯 흔들리는 모습에 위로받곤 하였다. 옥녀봉으로 향하는 길 위에 넓게 자리 잡은 소바위가 있다. 옥

완산칠봉 팔각정

녀봉에 오르는 급경사를 앞두고 등산객들이 잠시 쉬어 가는 쉼터이기도 하다. 군 입대를 앞두고 모든 것이 끝나 버린 것 같은 절망감에 처음 담배를 배웠던 곳이기에 남다른 곳이다. 아내와 같이 소바위에 앉아 완산칠봉이 젊은 시절 나에게 어떤 의미였는지 말해주었다. 곁에 있던 아내는 말없이 나의 손을 잡아 주었다. 순간 완산칠봉에 갇혀 있던 내가 자유로워지는 것을 느꼈다.

완산칠봉에서 가장 높은 장군봉에 도착했다. 팔각정에 오르면 사방으로 탁 트여 전주 시내를 한눈에 둘러볼 수 있다. 손에 잡힐 듯한 전주의 아름다운 모습을 하나하나 설명해 주었다. 아직 무더위가 물러가기 전이라 이마에 맺힌 땀방울이 바람에 시원했다. 약수터에 다다르니 왁자지껄 아이들의 소리가 들리는 듯했다.

완산초등학교가 지척에 있어 어린 시절 특별한 놀이가 없던 아이들에게는 이곳만큼 재미있는 공간이 없었다. 점심시간이나 수업이 끝나 잠시라도 시간이 생기면 친구들과 무리를 지어 한걸음에 달려오곤 했다. 울창한 삼나무 사이로 이리저리 뛰어다니며 숨바꼭질도 하고, 편을 나눠 총싸움과 말뚝박기를 하며 놀던 곳이다.

지금은 교통수단이 발달하여 인근 산을 찾아다니지만, 예전에는 완산칠봉이 전주시 중심부에 자리하고 있어 평일이나 주말에 시민

완산벙커

들의 발길이 끊이질 않았다. 연세가 있으신 분들은 건강을 위해 찾아오고, 젊은 이들은 고단한 삶에 위안과 위로를 받기 위해 찾곤 했다. 칠성사와 정혜사가 자리하고 있어 조상과 자녀를 위한 기도를 하러 오는 불자들의 발길도 줄을 이었다.

이렇듯 완산칠봉은 오랜 세월 동안 시민들로부터 많은 사랑을 받아왔으며, 시민들을 위해 모든 것을 내어주며, 시민과 함께 호흡하며 묵묵히 자리를 지켜왔다. 초입에 서서 완산칠봉을 올려다보니 나의 삶이 고스란히 담겨 있었다. 싫어도 버릴 수 없는 과거의 시간들을 있는 그대로 받아들일 수 있게 되었다.

지금 완산칠봉은 많은 변화를 시도하고 있다. 폐벙커가 미디어 아트로 만나는 시공간인 완산벙커 더 스페이스로 새롭게 변화하여 개관하였고, 휴식공간이자 힐링관광의 거점이 될 한빛마루공원도 조성 중이다. 서울에 생활하면서 남산에 오를 때면 완산칠봉을 떠올리곤 하였다. 완산칠봉이 전주의 새로운 랜드마크로 발돋움하기를 바라본다.

평화동에서 자가시대를 열다

결혼하고 6년 만에 은행의 큰 도움을 받아 내 집 마련을 했다. 아이 둘이 커가면서 공간이 조금 넓은 곳으로 이사를 하기 위해 무리를 했다. 분양가의 3분의 2 정도를 대출받아 평화동에 있는 동아현대아파트를 분양받았다. 계약금과 1차 중도금까지는 어떻게 준비할 수 있었으나 2차, 3차, 잔금 마련은 대출을 받아야 했다. 매회 중도금 마련을 위해 가계부를 쓰며 지출 항목은 줄이고 악착같이 모으기 시작했다. 먹는 것을 줄여 장은 거의 보지 않고 간장 백반으로 식사를 해결하고, 아이들 옷도 지인으로부터 얻어 입히며 거의 사지 않았다. 엎친 데 덮친 격으로 외환위기까지 겹쳐 월급마저 줄어들던 시기를 보냈다. 힘든 과정에서 한 달에 한 번 정도 아파트공사현장을 찾아 한층 한층 오르는 아파트를 보는 것으로 위안을 삼곤 하였다.

입주 안내문이 왔다. 아직 마무리가 덜 되어 여기저기 장비와 자재가 널려 있었으나 하루라도 빨리 입주를 하고 싶은 마음에 서둘러 이사를 하였다. 새집 증후군이 있다는 우려도 아랑곳하지 않고 덜 빠진 시멘트 냄새도 별문제가 되지 않았다. 새 술은 새 부대에 담으라는 말처럼 새집으로 이사한 기념으로 가구와 가전을 새것으로 바꾸고 싶었다. 마음 같아서는 모두 교체를 하고 싶었으나 현실적인 여건으로 꼭 필요한 것만 교체하기로 하였다. 신혼 때 샀던 냉장고를 교체하고, 이전 집에는 없던 텔레비전과 소파도 구입하고, 탁 트인 넓은 거실 창문에는 새하얀 커튼을 설치했다. 아이들은 엘리베이터가 신기한지 타고 오르내리기를 반복하고, 눈만 뜨면 아파트 놀이터를 찾아 뛰어다녔다. 어른인 나조차 차량에 눈을 덮어쓰고 달리는 차량을 보면서 지하주차장이 있는 아파트에 산다는 것에 감사하였다. 이렇게 꿈만 같았던 자가시대가 시작되었다.

취업으로 분가를 할 때까지 한 번도 자가에 산 적이 없었다. 어릴 때는 남의 집에 월세를 전전했고, 초등학교 때부터는 산날망 무허가 슬레이트집에 살았다. 지대가 높아 낮에는 수돗물이 나오지 않

동아현대아파트

고 남들이 사용하지 않는 새벽에 일어나서 물을 받아 놓았다가 사용해야 했다. 김장철과 겨울철에는 온 가족이 함께 배추와 연탄을 손에 들고 나르던 모습이 아직도 생생하다. 주택이 오래되고 낡아 시멘트 벽틈 사이로 연탄가스가 새어들어 가족이 큰 위기를 겪었던 일은 지금 생각해도 아찔하다. 학교에서 가정환경조사를 할 때면 주거형태를 물어보곤 하였는데, 자가, 전세, 월세 중에서 매번 월세에 손을 들어야 했던 슬픈 기억이 아직도 선명히 남아 있다. 그때 자가가 무엇을 의미하는지 알게 되었으며 어른이 될 때까지 자가에 대한 환상을 가지고 성장했다.

공무원 임용을 받아 서울로 상경하여 직장 동료와 같이 2층 단칸방을 월세로 빌려 생활하였다. 공동생활이라 불편함은 있었으나 드디어 독립을 시작하였다는 자존감이 더 컸다. 함께 사는 직장동료가 동기생이어서 첫 직장의 설렘을 안고 서로 위로하며 하루하루 즐겁게 지냈다. 결혼을 위해 집을 준비하면서 자금이 부족하여 2층 주택 지하층 단칸방을 월세로 구했다. 지하로 내려가는 계단이 좁아 장롱을 들이지 못해 난간을 절단했던 일, 하수구가 막혀 오수가 역류하여 부엌으로 넘쳐났던 일, 지하층은 습기가 많아 진드기를 퇴치하기 위해 피운 연막탄이 화재로 오인되어 119가 출동했던 일 등등. 웃지 못할 슬픈 사건들로 신혼생활이 마냥 행복하지만은 않았지만 그래도 함께여서 잘 이겨내며 좋은 추억으로 만들어갔다.

직장 생활을 하면서 ○○임대아파트에 봉사활동을 다녔었다. 취

약계층이 거주하는 가구는 봉사단체들이 날짜나 요일을 정하여 교대로 지원을 하고 있었다. 우리 회사도 지정을 받은 가구에 한 달에 한 번 방문하여 생필품도 전달하고 청소도 해주며 어려운 점이 있는지 살펴보곤 하였다. 그곳에 있는 분들은 복지관에서 무료배식을 받아 점심을 먹고 남은 음식을 가지고 가서 저녁과 다음 날 아침까지 해결하고 있다는 말을 들었다. 세계 몇 위의 경제 대국이라 자부하던 우리나라에 이처럼 어렵게 생활하고 있는 분들이 있다는 사실에 무척 부끄러웠던 기억이 남아 있다. 이를 계기로 봉사단체에 후원을 시작하여 현재까지 이어오고 있는 것으로 그나마 위안을 삼고 있다.

요즘 젊은이들이 가장 걱정하는 것은 주택 마련이다. 산업이 발전할수록 일자리가 줄어들어 취업이 갈수록 어려워지고 있다. 취업이 어렵다 보니 경제 활동을 못하게 되어 경제적 독립을 할 수 없게 된다. 이에 더해 집값도 천정부지로 뛰어오르다 보니 가뜩이나 힘든 젊은이들에게 내 집 마련은 생각도 하지 못하는 실정이다. 그러다 보니 젊은이들은 아예 결혼을 하지 않으려고 하고, 결혼을 하였어도 아이를 가지려는 생각을 쉽게 가질 수 없는 환경이 되어 가고 있다.

젊은이들이 집을 구할 수 없게 된 이유에는 우리 기성세대의 책임도 있는 것 같다. 인구 감소로 인해 주택 보급률이 높아지고 있음에도 주택가격이 내려가지 않고 더 올라가는 이유는 주택을 주거의 개념이 아닌 투자의 개념으로 여겼던 우리 기성세대의 책임

첫 자가 아파트

우리집

이다. 물론 우리 시대는 집 없는 설움으로 많은 고통을 받았던 시절이라 내 집 마련은 인생의 가장 큰 목표이기도 했다. 그럼에도 불구하고 시대가 바뀌었으니 사고의 전환이 필요하다. 주택을 소유의 개념이 아닌 점유의 개념으로 변화시켜야 한다. 굳이 집을 구입하지 않아도 죽을 때까지 주거에 대한 걱정이 없어야 한다. 양육도 국가에서 책임을 져야 한다. 엄청난 국가 빚에 더해 기성세대에 대한 노후 책임까지 떠안은 젊은이들에게 아이의 양육까지 책임지라고 하는 것은 너무 가혹하다. 양육으로 인한 경제적 어려움까지 더해져 젊은이들의 생활이 더욱 어려워지고 있는 실정이다. 양육에 대한 부담 없이 출산을 할 수 있도록 제도적 장치를 마련하여야 한다.

젊은이들이 취업과 주택, 출산으로부터 자유로워져야 한다. 새로운 일자리가 많이 창출되어 젊은이들이 원하는 직장에서 자신의 일을 할 수 있었으면 좋겠다. 양육에 대한 부담 없이 언제든 화목한 가정을 꾸리는 데 주저하지 않았으면 좋겠다. 주택형태를 굳이 자가, 전세, 월세로 나누지 않아도 되는 세상을 꿈꾸어 본다.

치열했던 삶의 현장, 용머리고개

"이 결혼은 절대 안 된다." 아버지는 단호하게 말씀하시며 문을 나서 대명까치맨션 뒷동산으로 올라가셨다. 아버지를 찾아 동산에 오르니 언덕에 앉아 먼 곳을 바라보며 담배를 피우고 계셨다.

"아버지, 허락만 해주시면 열심히 잘살겠습니다. 저를 믿고 허락해 주세요."

당시만 해도 지역감정의 골이 깊었던 때라 경상도 여자와의 결혼 허락을 받기가 쉽지 않았다.

"아버님, 이제 세상이 달라졌잖아요. 서로 사랑하니까 둘이 열심히 살게요. 나중에 허락하기를 정말 잘했다고 하실 거예요."

한참을 생각에 잠기시던 아버지는 결국 허락을 해주셨고, 나중에는 어머니가 살짝 부러워할 정도로 며느리를 예뻐하셨다.

완산칠봉 끝자락에는 대명까치맨션이 자리 잡고 있다. 30여 년을 전전하던 월세와 무허가 주택의 시대를 마무리하고, 처음으로 집다운 집으로 이사를 한 곳이다. 누나가 교원 임용이 되고 대출을 받아 부모님을 아파트로 이사해 드렸다. 우리 집 역사상 가장 큰 변화를 가져온 대사건이었다. 태어나 처음 엘리베이터를 타보기도 하고, 문만 닫으면 외부와 차단되어 가정의 편안함과 안락함이 무엇인지 알게 되었고, 난방이 잘되어 그 자체만으로도 천국에 사는 것 같았다. 가족 모두는 꿈인지 생시인지 모를 정도로 기뻐하며 한동안 무척 행복했었다.

서울에서 직장생활을 하다가 결혼을 하고 전주로 내려와 부모님이 사시는 대명까치맨션 근처 주택 2층에 잠시 살았었다. 오래되고 밀집된 주택이라 춥고 덥고 불편해서 많이 힘들었다. 그 후 효자주공 3단지에 있던 공무원 임대아파트에 입주하여 평화동에 있는 아파트로 이사를 할 때까지 한동안 거주하였다. 첫째는 아직 세 살이 안되었고, 둘째는 전주에 와서 태어났으니 두 아이 모두 유년 시절을 이곳에서 보냈다. 당시에는 공무원들의 생활이 어려워 정부에서 구입한 주공 아파트를 임대해주는 제도가 있었는데 경쟁이

효자주공3단지

치열하여 순번을 정해 입주를 해야 했다. 아파트는 오래되었고 평수도 무척 작아서 생활하기가 무척 불편했다. 그래도 내 집 마련의 꿈을 이루기까지 꽤 오랫동안 신세를 졌으니 추억도 많다. 어린 시절을 판잣집에서 보냈던 나로서는 아파트에 산다는 것만으로도 감사하게 지냈었다.

효자주공 3단지는 오래전에 건축된 아파트라 엘리베이터가 없는 5층 건물이었으며, 부지는 넓고 단지가 많았다. 그곳에 거주할 때부터 재건축에 대한 말이 나오면서 재건축이 되면 최고의 입지가 될 거라는 소문에 꽤 인기 있는 아파트였다. 그러나 단지가 넓고 입주민이 많다 보니 협의가 쉽게 이루어지지 않아서인지 진척이 없다가 최근에는 잘 진행되고 있다는 소식이 들려온다. 언젠가 재건축이 이루어지고 분양이 되어 전주의 랜드마크 아파트가 되면 좋겠다. 완산칠봉 자락 아래 대단지 아파트가 조성되어 사람들도 북적이고 상권도 되살아나서 용의 기운이 넘치는 구도심이 되기를 바라본다.

아파트 근처에는 서부시장이 있다. 지금은 많이 축소되었지만 당시만 해도 꽤 규모가 있는 재래시장이어서 장보기가 편리했다. 경제적으로 어려워 자주 가지는 못했어도 가끔 들르는 시장은 구매 욕구를 채우기에 충분했다. 어릴 적 어머니의 손을 잡고 재래시장

서부시장

용머리고개

에 가면 맛있는 난장 음식도 먹고 예쁜 옷과 신발도 사주셔서 시장에 대한 기억이 좋다. 그래서인지 아내와의 재래시장 구경은 즐겨하는 일상 중의 하나이다. 주말이면 딱히 살 물건이 없어도 장바구니를 들고 시장 이곳저곳을 거닐다 보면 보는 먹는 재미, 사는 재미에 빠져 즐겁고 힐링이 되곤 한다. 어머니도 시간만 나면 시장을 거닐며 자식들에게 요리해 줄 재료를 사는 것으로 소일거리를 하고 계시니 재래시장은 물건을 구매하는 장소뿐만 아니라 사람들의 행복저장소 역할도 톡톡히 하고 있는 듯하다.

아이들의 유년시절을 보낸 용머리고개는 아내에게 힘든 기억이 많은 공간이다. 아는 사람 한 명도 없는 객지에 내려와서 어린 두 아이의 육아를 혼자 감당해야 하는 일은 하루하루가 마치 전쟁터와 같았다. 큰애는 손을 잡고 둘째는 등에 업고 남은 한 손에는 아이들 짐과 핸드백을 들고 꽁꽁 언 용머리고개 육교를 건너던 이야기를 할 때면 그때의 아픈 기억이 되살아나 눈물이 촉촉이 맺히곤 한다. 타지로 전보를 자주 다니는 철없던 남편은 그런 사정도 모르고 주말에 내려오면 부모님 댁에 달려가 가족들과 놀기 바빴으니 지금 생각해도 미안한 마음이다. 집이 너무 좁아 아이들이 마음대로 뛰지 못하게 했던 이야기, 내 집 마련을 위해 매일 같이 김치 하나에 간장 밥을 비벼 먹였던 이야기, 이 집 저 집 옷가지와 장난감을 얻어왔던 이야기를 할 때면, 책을 써도 몇 권은 될 거라는 아내의 말이 지금도 가슴을 메이게 한다.

용머리고개는 아버지가 10년 넘게 넘어 다녔던 곳이다. 팔복동에 있는 공장에서 구룡리 집까지 매일 자전거로 출퇴근을 하면서 용머리고개를 지나셨다고 한다. 당시에는 인적이 드물어 고개를 넘어올 때 깡패들을 만나 월급도 여러 번 빼앗겼다고 한다. 아버지는 용머리고개를 넘어 다니면서 무슨 생각을 하셨을까?

전쟁의 폐허에서 경제를 일으켜 세운 산업화시대를 살았던 부모님 세대는 힘든 세월을 견뎌야 했을 것이다. 가난에서 벗어나기 위해, 자녀에게 가난의 끈을 넘겨주지 않기 위해 허리띠를 매고 먹을 것 입을 것을 참으며 하루하루 버텨야 했을 것이다. 아버지의 헌신이 오늘의 나를 있게 하였다. 아버지와 나의 치열했던 삶이 담겨 있는 용머리고개를 아이들은 어떻게 기억할지 궁금하다.

전주에는 전주천과 삼천천이 있다

아직 어둠이 짙은 새벽에 한 여인이 덜컹대는 문을 열고 나와 마루에 선다. 흐트러진 머리카락을 손질하여 고무줄로 동여매고 수건으로 머리를 감싸는 모습에서 하루를 시작하는 마음을 느끼게 한다. 지대가 높아 물이 귀한 때라 남들이 깨기 전에 서둘러 수도꼭지를 열어 물을 받는다. 간혹 연탄불이라도 꺼질 때면 출근시간에 맞추기 위해 번개탄으로 불을 지펴보지만 이마저도 어려우면 잔가지로 불을 피워 냄비밥을 하느라 정신이 없다. 잠시 굽은 허리를 펴고 여명이 밝아오는 전주천을 바라보는 아낙네의 모습이 처연하다. 아침 식사를 마친 남편과 아이들의 손에 도시락을 들려 보내고 나면 그제야 한숨을 돌리며 처마에 앉아 늦은 아침을 한다.

설거지를 마치면 집안 정리를 대충 하고 서둘러 빨래를 준비한다. 기름때 낀 작업복과 아이들 옷가지를 챙겨 바구니에 담아 머리에 이고 전주천으로 향한다.

지금이야 상상도 할 수 없는 일이지만 물이 귀한 시절에 대부분 사람들은 하천에 있는 빨래터에서 빨래를 해야 했다.

전주천은 오랫동안 서민들이 모여 빨래를 하고, 양잿물에 넣고 삶기도 하고, 천변 풀밭에 널어 말려가는 곳으로 자리 잡혀 있었다.

어머니를 따라 빨래터에 다니던 기억이 아직도 생생하게 남아 있어 다가교를 지날 때면 그때 추억이 떠오르곤 한다. 다가교 아래에 있던 빨래터는 형체도 없어지고 지금은 그 모양만 꾸며 썰렁하게 남아 있다.

전주천을 생각하면 떠오를 좋은 추억거리를 복원하여 하나의 역사로 수집하고 보존하면 좋겠다.

해가 지고 아이들마저 잠자리에 들면 온종일 종종거리던 걸음을 멈추고 그제야 머리에 얹은 수건을 내려놓는다. 마루에 걸터앉은 아낙네는 언제일지 모르는 남편의 귀가를 기다리며 망연한 모습으로 전주천을 따라 흐르는 불빛들을 쫓고 있다.

4남매를 키우느라 온종일 이리 뛰고 저리 뛰느라 지쳐 쉬고 싶을

법도 한데 완산교를 건너는 지아비를 찾는 맥없는 눈빛이 슬퍼 보인다. 가로등마저 잠자리에 들 무렵이 되어서야 멀리 전주천을 건너는 자전거의 흔들리는 불빛을 찾고선 오늘 하루도 힘겹게 버텨냈을 남편에 대한 짠한 마음에 아낙은 서운함보다 안쓰러움이 앞선다.

남편의 늦은 저녁상을 차려주고 설거지까지 마치고 나면 그제야 노동자 아내의 고단한 하루는 끝이 난다. 어머니의 삶은 그렇게 전주천을 맴돌며 힘겹게 흘러갔다.

전주에는 전주천과 삼천천이 있다. 한동안 전주천만 인식하며 지내다 평화동으로 이사를 하면서 삼천천도 있다는 사실을 알게 되었다. 삼천천은 전주천과 다른 면이 있다. 전주천은 구도심을 가로지르고 있어 사람들이 많이 찾지 않지만 삼천천은 천변을 따라 아파트단지가 조성되어 주민들이 많이 찾고 있다.

삼천천은 구이에서부터 이편한세상아파트까지 도보길과 자전거길이 조성되어 있다. 주말이면 아들과 함께 자전거를 타고 삼천천을 달렸다. 미리 준비한 물병과 과자, 과일을 짐받이에 싣고 구이로 향한다. 도중에 신평교 다리 중간에 서서 말없이 흐르는 물길을 바라보기도 하고, 벤치를 만나면 반가움에 자전거를 멈추고 함께

전주천

삼천천

과일과 과자를 나눠 먹기도 하고, 한적한 길에선 자전거에서 내려 걸으며 이야기를 나누는 재미가 솔솔 했다.

아내와는 도보길을 걸었다. 이른 저녁을 마치고 아파트를 나와 구이 쪽을 향해 걷다 보면 시원한 바람이 뺨을 스치는 맛이 일품이다. 해가 저물어 보금자리를 찾아가는 새들의 멋진 하모니에 귀도 호강을 한다. 구이 쪽에 가까워지면 사람들이 드물어 손을 잡고 걷기 좋다. 아내도 연애시절이 떠오르는지 싫은 기색이 없는 걸 보니 자주는 아니어도 가끔 해보는 것도 좋을 것 같다.

돌아오는 길은 밤이 깊어지면서 낮에 보였던 물길은 보이지 않고 흐르는 물소리만 더 맑고 선명하게 들린다. 자연에서 삶의 지혜를 배운다. 멀리 아파트 숲이 가까워지면서 한적한 시골에서 화려한 도시 세상으로 나아가는 듯 신비롭다. 삼천천은 많은 시민들의 체력단련실이며, 휴식처이며, 소통의 장소이다.

전주천은 상관에서 시작하여 서학동을 지난다. 남천교에서 바라보는 석양과 억새는 전주에서 볼 수 있는 멋진 광경 중의 하나이다. 팔각지붕의 한옥 청연류에 서면 전주천을 따라 흐르는 바람결을 온몸으로 안으며 자연에 스며드는 나를 느낄 수 있어 좋다. 한벽루 옆 승암사는 젊은 청춘을 바친 곳이기에 가슴 한편이 아리기도 하고, 다시 그런 열정을 쏟아부을 일이 생길까 하는 기대가 있는 곳이다. 남부시장을 거쳐 전주의 전통적인 구도심인 전동, 다가동, 태평동, 진북동을 따라 내려오는 전주천은 전주의 역사를 한눈에 볼 수 있고 체감할 수 있는 곳이다. 그렇기에 시민이 사랑하는 전주천, 시민이 자주 찾는 전주천, 시민에게 도움이 되는 전주천을 만들기 위한 고민이 필요한 시점이다.

전주천과 삼천천에는 무엇을 담을 수 있을까? 한 도시에 두 개의 하천이 균형을 이루고 흐르는 곳이 많지 않다. 전주천과 삼천천은 도시의 중심에서 만나 절경 좋기로 유명한 만경강으로 흐른다. 천혜의 조건을 이용하여 자전거 도시를 조성하면 어떨까? 환경오염과 기후위기 대응을 위한 탄소중립 실천을 위해 도시 전체를 친환경 화하면 좋겠다. 먼저 전주천과 삼천천에 자전거 도로를 잘 조성

남천교

전주한옥마을

하여 연결하고, 성별, 연령 제한 없이 모든 시민들이 라이딩을 즐기고 싶도록 만들어 보자. 학생과 성인들을 대상으로 매년 전국자전거대회를 개최하여 자전거가 주는 건강과 재미를 느낄 수 있게 하자. 대회는 속도가 아닌 질서를 잘 지키며 안전하게 타는 라이더가 우승을 할 수 있도록 규정 해보자.

전주를 찾는 모든 사람들이 자전거를 타보고 싶도록 콘텐츠를 개발해서 곳곳에 배치하자. 바람일 수 있지만 종국적으로는 차도 옆에 자전거도로 차선이 개설하도록 하여 전주시 어디든 자전거로 통행이 가능하도록 해보자. 자동차세는 많이 걷고 자전거를 타는 사람들에게는 많은 혜택을 주자.

창의는 세상에 없는 것을 만들어 내거나 생각해 내는 것이 아니라, 기존에 있는 생각과 방식을 바꾸고 개선하여 새롭게 적용해 보는 것이 아닐까? 10차선 백제로 위로 자전거를 타고 씽씽 달리는 꿈을 꾸어본다.

· chapter 1 ·

송재영의 설레는 전주 이야기

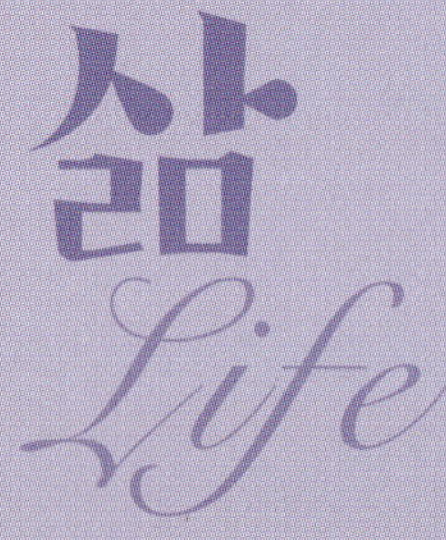

나를 키운 전주

모악산 입구, 중인동에 살다

중화산동에서 세대의 시간을 건너다

고단함이 아닌 남부시장

전주역에서 떠나고, 전주역으로 돌아오다

아중호수, 기억의 물결을 따라 걷다

모악산 입구, 중인동에 살다

중인동에 둥지를 튼 지 11년이 되었다. 예전엔 중인리가 완주군이었으나 30년 전에 전주시로 편입되면서 명칭도 중인동으로 변경이 되었다. 중인동은 도농이 함께 하는 곳으로 아직 농촌 풍경이 많이 남아 있다. 그래서인지 계절의 변화를 유독 잘 느낄 수 있다. 얼었던 대지가 녹는가 싶으면 아직 옷깃을 여미는 쌀쌀한 날씨에도 동네 주민들의 발길은 무척 바빠진다. 유독 과수원이 많은 마을이라 봄기운만 돌면 땅도 일구고 나뭇가지도 잡아주고 소독도 하며 한 해 과수 농사 준비로 온 동네가 시끌벅적하다.

모악산은 전주시, 김제시, 완주군의 세 지역에 걸쳐 있는 산으로, 등산로도 전주시의 중인동, 김제시의 금산사, 완주군의 구이로

모악산

오르는 세 곳이 대표적이다. 중인동은 전주시에서 모악산에 오르는 유일한 입구이기는 하나, 구이로 오르는 등산로에 비해 상권 개발이나 인프라가 많이 들어서 있지 않고 찾는 사람도 적은 편이다. 중인동에서 오르는 등산로는 8곳으로, 아직 원시적이며 다양한 코스로 형성되어 등산하는 재미도 있고 골라 오르는 즐거움도 있는 매력 넘치는 곳이다.

중인동은 모악산 마실길이 지나는 곳이기도 하다. 추동마을 입구에서부터 원당마을, 학전마을, 완산생활체육공원, 노송 군락지, 갈마제, 신금마을, 화정마을, 봉암마을, 독배마을을 잇는 12.3㎞의 코스는 한적한 농촌 풍경을 온몸으로 느끼며 유유자적 걸을 수 있다. 주말이면 아내와 같이 음료와 간단한 주전부리를 챙겨 이 길을 따라 걷는 것이 중인동에 사는 낙 중의 하나이다. 이 길은 다양한 풍경을 만날 수 있어 좋다. 과수원 사잇길도 있고 논길도 만나고 도로도 건너고 야산도 오르고 저수지를 둘러 걷기도 하고 중간에 정자나 나무 그루터기를 만나면 잠시 앉아 쉬면서 준비한 간식을 나눠 먹곤 한다.

완산생활체육공원은 중인동을 보금자리로 선택한 중요한 이유 중의 하나였고, 주중이든 주말이든 다양한 운동을 하기 위한 동호

인들로 매일 불야성을 이루며 시민들에게 인기 있는 장소이다. 대낮같이 환한 체련공원에서 땀에 흠뻑 젖어 운동을 하는 사람들을 보고 있으면 나도 건강해지는 것 같고 기분도 상쾌하여 자주 찾는 곳이다.

몇 해 전 산티아고 순례길을 떠나기 전에 두 달 동안 특훈을 하였던 곳이기도 하여 우리에게는 특별한 의미가 있는 장소이다. 순례

길 300킬로미터를 걷기로 계획하고 항공권을 예매하고 나서 가장 먼저 한 것이 걷기 훈련이었다. 퇴근을 하고 집에 오면 식사만 하고 곧장 체련공원으로 달려가 매일 10킬로미터 정도를 걸었던 추억은 오랫동안 진한 감동으로 남아 있다.

체련공원 내에는 어두제라는 연못이 있다. 연못 한쪽 면에는 다양한 연꽃이 견본으로 심어져 있고, 연못에는 홍색과 백색의 연꽃이 피어난다. 계절의 흐름에 따라 다양하게 변하는 연못은 지친 시민들이 잠시 쉬어 갈 수 있는 휴식처의 역할을 톡톡히 하고 있다. 특히 연꽃이 피면 아버지의 모습이 생각나 자주 찾아 거닐곤 한다.

아버지는 힘든 생활 속에서도 부처님 오신 날이 되면 새벽 일찍 금산사를 찾아 가장 큰 연등을 사서 누구보다도 먼저 대웅전 마당의 중앙에 걸곤 하셨다. 자식들이 잘되기를 바랐던 아버지의 간절한 마음이 전해져 그리움이 더해간다.

어두제를 걷다 잠시 걸음을 멈춰 시내 방향을 바라보면 고층 건물마다 조명 불빛이 밝게 빛나는 도시 풍경이 같은 공간에 있지 않은 먼 행성을 보는 것처럼 낯설게 느껴진다. 달에서 바라보는 지구의 모습이 이런 모습일까 궁금한 마음에 언젠가 달나라로 여행을 떠나는 즐거운 상상을 하기도 한다.

어두제

중인동은 버스 종점이다. 종점 하면 더 이상 갈 수 없다는 생각에 뭔가 아련하기도 하고 고향에 온 것 같은 포근함도 간직하고 있어 좋다. 또한 종점은 시작점이기도 하여 시간만 맞추면 기다리지 않고 버스를 탈 수 있고 항상 좋은 자리를 선점할 수 있어 좋다. 집으로 돌아올 때도 정거장을 지나칠까 하는 걱정을 할 필요가 없어 편

중인동 버스 종점

안하게 쉴 수 있다. 그러다 보니 특별히 바쁜 경우가 아니고 짐이 없는 날이면 시내버스를 이용하는 것이 일상이 되었다. 종점은 모악산을 등반하려는 사람들로 항상 북적거린다. 그래서 종점 부근에는 유독 맛집이 많다. 젊은이보다는 연세가 있으신 분들이 많이 이용하다 보니 청국장이나 순대, 김치찌개, 닭볶음탕과 같은 토속음식이 주메뉴이다. 우리도 마실길을 걷다 종종 동네 식당을 한 곳 한 곳 찾아다니며 맛집 별점을 주는 재미도 솔솔 하다.

지금 중인동은 농촌의 모습이 점점 사라지고 도시로 탈바꿈해 가고 있다. 11년 전만 해도 저녁 식사를 하고 동네에 나오면 대부분의 집이 불을 끄고 잠자리에 들어 마을 전체가 절간처럼 고요했다. 시간이 흐르면서 외지인들이 들어와 주택과 상가를 지으면서 각종 편의시설이 자리 잡기 시작했다. 물론 생활이 편리해져 좋은 점도 있으나 뭔가 아쉽다. 편리함을 찾아서 이곳에 이사 온 것이 아닌데 날로 도시화되어 가는 중인동의 변화가 불편할 때도 있다. 처음 이사 올 때와 지금은 상전벽해를 실감케 할 정도의 엄청난 변화가 밀려오고 있다. 시내에서 중인동으로 들어오는 진입로가 1차 공사를 마치고 2차 공사 중이고, 새만금과 포항을 잇는 동서고속도로도 공사 중이다. 앞으로 얼마나 더 많은 변화가 중인동에 찾아올지 상상도 할 수 없다. 그래도 아직은 대문 앞에 야채나 과일을 놓고 가시는 이웃의 훈훈한 정이 남아 있고, 옆집에 누가 사는지, 어떻게 지내는지 알고 지내는 원주민 부락의 모습이 남아 있어 다행이다. 이 멋진 중인동에 살고 있는 우리 부부도 어떤 모습으로 변해 갈지 궁금하고 기대된다.

중화산동에서 세대의 시간을 건너다

중화산동은 여러 세대의 시간이 차곡차곡 쌓여 있는 동네다. 아이들과 함께 뛰어다니던 시절도 있고, 성인이 되어 다시 배우고 읽고 쓰던 순간도 있고, 삶의 방향을 잃은 청소년들과 마주하며 마음을 내어놓던 날들도 있다. 그래서 중화산동을 떠올리면 한 장면이 아니라 서로 다른 시간이 포개진 풍경이 펼쳐진다.

가장 선명한 기억은 빙상경기장을 찾던 모습이다. 한 여름임에도 두꺼운 장갑과 모자를 챙겨 아이들과 함께 스케이트장으로 향했다. 아이들은 얼음장에 들어서자마자 스케이트 끈을 제대로 묶기도 전에 얼음판으로 뛰어 들어갔다. 처음엔 몸이 마음을 따라가지 못해 자주 넘어졌지만 넘어지는 순간마저 즐거움이 되었다. 얼음 위에 엎어지면 먼저 웃음이 터지고 일어나면 또 웃음이 이어졌다. 얼음 위의 차가운 공기보다 아이들 웃음이 더 생생하게 귓가에 남아 있다.

빙상장 옆 체육관에서는 탁구를 쳤다. 라켓에 공이 맞는 소리가 체육관 전체에 또렷하게 울렸고, 점수 하나가 날 때마다 아이들의 얼굴이 환하게 밝아졌다. 탁구공의 가벼운 탄력과 튀어 오르는 속도는 아이들이 성장하는 모습과도 닮아 있었다. 체육관에서 보낸 그 시간은 아이들에게는 놀이였고 가족에게는 함께한 시간의 기록이었다.

빙상경기장

전주실내체육관

전주시립도서관 꽃담

작가와의 대화

세월이 흐른 뒤 중화산동은 삶의 또 다른 장을 열어준 공간으로 다시 다가왔다. 그 중심에는 꽃심시립도서관이 있었다. 도서관의 넓은 창으로 햇살이 쏟아지는 오후면 책상마다 조용한 집중이 내려앉았다. 한쪽에서는 아이들은 자유스런 자세로 앉아 동화책을 읽고 다른 자리에서는 누군가가 노트북을 펼쳐 천천히 글을 정리했다.

꽃심 도서관은 단순한 독서 공간을 넘어 배움의 시작점이 되는 장소였다. 생각을 다듬고 문장을 다시 쓰고 책 한 권을 통해 마음의 방향을 정리할 수 있는 곳이었다. 누군가는 공부를 이어가기 위해 들렀고 누군가는 진로와 삶을 새롭게 정비하기 위해 이곳을 찾았다. 그만큼 도서관은 중화산동의 조용한 중심 역할을 했다.

중화산동을 찾는 이유는 어느 순간부터 개인이 머무는 시간을 넘어 누군가의 내일을 돕는 일로 이어졌다. 대안학교에서 위탁된 고등학생들을 대상으로 멘토링을 진행하면서 동네는 새로운 의미를 갖기 시작했다. 처음 만난 학생들의 얼굴에는 피곤함과 불안함, 그리고 작은 기대가 동시에 묻어 있었다. 그들은 자신에 대한 평가보다 “지금 나에게 무엇이 필요한가”를 묻고 있었다. 멘토링 과정에서 오갔던 질문들은 단순하지만 깊었다.

"어릴 때 어떤 꿈이 있었나요?"

"지금 빨리 결정하지 않아도 되나요?"

"다시 시작할 수 있는 기회가 정말 오나요?"

이 질문들 속에는 지금 이 순간을 어떻게 살아가야 할지 고민하는 청소년의 마음과 그 마음을 받아줄 공간에 대한 바람이 함께 담겨 있었다. 중화산동은 그들의 이야기를 받아줄 수 있는 여유와 품을 가진 동네였다.

지금의 중화산동은 빙상경기장, 꽃심도서관, 학교, 상가가 촘촘하게 이어지는 도심의 중심지 중 하나다. 하지만 한 세대만 거슬러 올라가면 이곳은 논과 밭이 이어져 있던 전형적인 농경지였다. 그 변화에는 중화산동의 이름이 가진 의미가 깊게 작용했다.

'중화산'—화산의 중심, 지세의 중심.

도시가 확장될 때 자연스럽게 중심축으로 자리 잡을 수밖에 없는 지형이었다. 도심 개발과 교통망 확장, 각종 공공시설과 교육시설의 유입, 아파트 단지 조성과 상업지역의 활성화가 겹치면서 중화산동은 한 지역의 경계를 넘어 전주시 전체의 생활 중심으로 성장했다. 지세와 도시 계획, 사람들의 발걸음이 동시에 이곳을 새로운

전주정원문화센터

중심지로 만들었다.

그렇다면 앞으로의 중화산동은 어떤 모습이어야 할까.

지금의 중화산동이 가진 강점은 도심 한복판에 있으면서도 주거와 교육, 문화와 휴식, 자연과 생활이 자연스럽게 연결된다는 점이다. 이 균형을 더 깊고 단단하게 만드는 방향으로 변화해야 한다.

학교 주변은 차량 이동량이 많아 항상 위험이 따른다. 그 길에 보행자 중심의 안전 인프라를 확충하고 아이들이 안전하게 걸을 수 있는 생활권 중심의 보행길을 만들 필요가 있다. 밤에는 도서관에서 집으로 돌아가는 길이 조금 더 따뜻하고 안심되는 조명으로 밝혀지면 좋다. 쓰레기 배출구역의 정돈, 공원의 조도 개선, 골목길 환경 개선 등이 더해진다면 주민들의 일상은 훨씬 안정감을 얻을 것이다.

생태적 회복도 필요하다. 작게라도 수목이 살아 있는 쉼터, 작은 물길이나 풀숲, 도심 속 텃밭이나 소규모 생태 놀이터 같은 공간은 중화산동을 더욱 풍요롭게 만들 수 있다. 단순한 녹지 조성이 아니라 지역의 생활과 어린이·노년층 모두가 사용할 수 있는 작은 생태 문화공간으로 이어져야 한다.

무엇보다 이곳이 사람들이 머물고 싶은 동네가 되기를 바란다.

빙상장 옆 벤치에서 잠시 마음을 내려놓을 수 있는 동네, 꽃심도서관에서 필요할 때 책을 펼칠 수 있는 동네, 진로 고민에 놓인 청소년이 조용히 기대어 갈 수 있는 상담공간이 있는 동네, 이런 공간들이 자연스럽게 이어진다면 중화산동은 단순한 행정구역이 아니라 사람을 품는 생활 중심지가 될 것이다.

중화산동은 지금도 변하고 있지만 그 변화가 더 의미 있는 방향으로 이어지길 바란다. 중심이란 화려함이 아니라 사람이 살아갈 수 있는 힘과 온기가 모이는 자리다. 중화산동은 이미 그 힘을 품고 있다. 앞으로도 이 동네가 사람들이 배우고 쉬고 회복할 수 있는 전주의 따뜻한 중심으로 남기를 바란다.

고단함이 아닌 재미있는 남부시장

날이 새기 시작하면 서둘러 나설 채비를 한다. 조금은 두툼한 옷을 입고 장바구니 캐리어를 챙겨 출발한다. 막 해가 뜰 무렵 도착하였음에도 이미 장이 서고 사람들로 북적였다. 남부시장 천변에는 새벽부터 동틀 무렵까지 도깨비시장이 열렸다가 사라진다. 직접 농사를 짓거나 산지에서 바로 가져온 신선한 농·수산물을 저렴한 가격에 살 수 있어 식당을 운영하는 사람들이나 현지인들이 많이 찾는 곳이다. 입소문이 나면서 전통 재래시장의 정겨움을 느껴보고 싶어 멀리서 찾아오는 사람들도 많다.

늦으면 좋은 물건을 놓칠 것 같은 조급함에 급히 주차하고 개울을 건너 장터로 들어선다. 막 캐논 냉이, 유채, 파, 봄동과 같은 신

새벽 도깨비시장

선한 야채들이 한 움큼씩 줄을 지어 손을 잡아끈다. 매주 주말이면 어머니가 차려주신 밥상에 올라왔던 제철 음식들이 여기에 있는 재료라는 사실을 알게 되니 자식을 위해 바빴을 발길이 애달프다. 아내는 내일 아침에 된장국에 끓여 먹자며 냉이를 샀다.

채소 구역을 벗어나 고등어, 전복, 명태, 생합, 새우, 낙지가 있는 수산물 코너로 발길을 옮겼다. 각종 어패류가 신선함을 입증하기

라도 하듯 팔딱거리고 꿈틀대며 힘자랑을 하고 있다. 왜 이리 싱싱하냐며 칭찬 반 너스레를 떠는 손님이 전복을 연신 들었다 놓았다 한다. 이를 눈치챈 주인이 어제 따온 것이라며 싸게 드릴 테니 사다가 남편 몸보신 시키라고 꼬드긴다. 흥정이 몇 차례 오가고 손님의 손엔 비닐봉지가 들려있다. 아내도 묵은지에 지져 먹으면 맛있겠다고 고등어 한 손을 구입했다.

채소와 생선을 양손에 들고 과일 좌판에 들어서니 아내의 시선이 바쁘다. 사과의 가격과 상태를 꼼꼼히 살펴보더니 왜 이리 싸냐며 연신 감탄을 한다. 이미 구입한 물건들이 캐리어에 가득하다 보니 선뜻 과일을 사지 못하고 들었다 놨다 하더니 그냥 가자고 한다. 주차장으로 오는 길에 사과가 정말 싸다느니 모양은 좀 떨어져도 맛은 더 좋다느니 아쉬움이 많은 듯했다. 이대로 집에 가면 안 될 것 같아 돌아가서 사과를 사자고 해본다. 아내는 지금 산 것도 많아서 돈을 너무 많이 썼으니 다음에 사자고 한다. 다시 주차장으로 향하던 아내가 한마디 했다. 농사지은 분이 직접 가지고 나온 물건이라 로컬푸드 보다도 훨씬 싼 것 같다고 했다. 이제 무조건 사야 할 것 같은 예감에 얼른 아내의 손을 잡고 사과 좌판으로 향했다. 나의 권유에 어쩔 수 없다는 표정으로 사과 한 상자를 사서 끙끙대며 들고 오는 아내의 얼굴이 무척 환해졌다.

한 시간 넘게 장터를 구경하다 보니 출출해졌다. 남부시장 안으로 들어서니 순대국밥, 팥죽, 콩나물국밥, 국수집들이 이미 문을 열고 손님을 반겼다. 이 시간에 벌써 영업 준비를 다 했으면 도대체 몇 시에 나왔을지 가늠하기조차 어려웠다. 직장 생활할 때 술 먹은 날이면 해장을 하러 다녔던 원조 콩나물국밥집으로 갔다. 전주 콩나물국밥에는 다른 지역에는 없는 수란, 김, 오징어가 있어 맛이 일품이다.

몇 해 전 프랜차이즈 콩나물국밥집을 운영했었다. 사회생활도 해본 적이 없고 장사 경험도 전혀 없는 초짜가 식당을 시작했으니 그 고생은 상상할 수 없을 정도였다. 장사는 아무나 하는 것이 아니라는 진리를 배우고 3년 만에 그만두었다. 말로만 듣던 서민들의 삶을 온몸으로 체감하였다. 가게를 운영해보지 않았다면 결코 알지 못했을 영세 상인들의 모습을 조금이나마 엿볼 수 있었던 기회였다.

국밥을 맛있게 먹고 시장을 둘러보기로 했다. 아직 이른 시간임에도 옷가게며 쌀가게, 생선가게, 채소가게, 고깃집, 건어물가게, 방앗간들이 문을 여느라 부산했다. 시장에 계시는 분들은 잠도 제대로 자지 못하는 것 같아 애잔했다. 숨은 보물을 찾듯 재래시장의 구경거리를 따라 이곳저곳을 둘러보니 제주의 민속오일시장이 떠올랐다.

제주에는 동문시장, 올레시장과 같은 상설 시장도 있지만 5일마다 여는 오일장도 지역별로 자리 잡고 있다. 제주생활을 하면서 오일장을 찾아다니는 일이 큰 즐거움의 하나였다. 거주지가 제주시여서 주로 민속오일시장과 동문시장에 다녔다. 민속시장은 오일장 중에서 가장 규모가 크고 여행객의 방문도 많아서 제주의 대표 오일장이다. 제주에서 생활하며 채소와 과일은 대형마트나 온라인 구매가 아닌 시장에서 대부분 구입했다. 상설도 아니고 거리가 가까운 것도 아닌데 굳이 오일장을 찾은 이유가 무엇일까. 오일장에서는 현지에서 직접 재배한 농산물을 볼 수 있고, 제철 물건들이 계절별로 바뀌어 나오고, 규모도 매우 넓어서 한 바퀴를 돌며 구경하는 재미가 솔솔 했다.

동문시장의 경우 제주에서 나오는 온갖 수산물들을 직접 보고 구입할 수 있기도 하고, 저녁 무렵 열리는 청년몰의 가판에서 열리는 각종 요리쇼를 볼 수 있어 관광객들의 발길도 끊이지 않는 곳이었다. 제주 재래시장의 특이한 점은 시장하면 떠오르는 올드한 느낌이 아닌 항상 사람들이 붐비고 생기 발랄하고 보고 즐길거리가 많다는 점이다.

전주에는 재래시장으로 중앙시장, 동부시장, 모래내시장, 서부시장, 남부시장이 있다. 재래시장에는 대부분 청년몰이 운영되고 있다. 처음 창업을 하는 청년들의 열악한 자본과 미 경험자로서의 어려움을 도와주기 위해 창업을 하여 운영해 볼 수 있도록 하는 실험실과도 같은 공간이다. 남부시장 2층에도 청년몰이 있으나 규모과 종류도 적고 위치마저 2층에 위치하고 있다 보니 찾는 이도 적어 썰렁하고 초라한 느낌마저 든다.

대형마트와 온라인 판매의 발달로 많은 상인들이 떠나갔고 현재 남아 있는 상인들도 여건이 좋지 않다. 재래시장을 활성화하기 위해 많은 노력을 하고 있으나 눈에 띄게 나아지거나 활기를 찾지는 못하는 것 같다. 단순히 청년몰이라는 용어를 사용한다고 사람들이 찾아오는 시대도 지났다.

소상공인들의 하루하루는 온몸과 정성을 쏟아부어야 하는 치열하고 힘겨운 시간의 연속이다. 시장은 살아있음을 잘 느낄 수 있는 생동감 있고 활기 넘치는 곳이지만, 한 편으론 서민들의 애환이 고스란히 묻어있는 삶의 최전방과도 같은 곳이기도 하다. 대형마트는 마트대로의 장점이 있고, 온라인 쇼핑몰은 쇼핑몰 나름의 장점이 있다.

대형마트의 장점과 온라인 쇼핑몰의 장점을 간과하고 재래시장이니 찾아주어야 하고, 무조건 재래시장을 살려야 한다는 인식만으로는 난관을 타개하기 어렵다. 시장의 모습을 인정하고 다른 영역과의 차별화를 할 수 있는 대안을 제시하여야 한다. 그래야 시민들이 재래시장으로 다시 돌아올 것이다.

어떻게 해야 재래시장과 청년몰을 활성화하여 영세 상인들과 창업 청년들이 안착을 하여 안정된 생활을 할 수 있을까. 해답은 제주 재래시장과 남부시장의 도깨비시장에 있다. 재래시장을 살리겠다고 단순히 외장만 바꾸는 투자보다는 콘텐츠를 개발하고 새로운 패러다임으로 접근을 해야 한다. 시장은 단순히 물건만 구입하는 곳이 아니라 그 지역의 특성을 알 수 있도록 특화하는 것이 중요하다.

서울의 경동시장하면 약재가 떠오르듯이 각 재래시장의 특색에 맞는 상품들을 찾아 집적화하여야 한다. 또한 시장은 즐겁고 재미있어야 한다. 놀거리, 먹거리, 즐길거리를 많이 개발하여 시장에 가면 피곤하지 않고 심심하지 않고 재밌다는 이미지를 형성하여야

한옥마을

서학예술마을

한다. 남부시장 인근에는 한옥마을과 서학예술마을이 있다. 한옥의 모습이 남부시장에 녹아들어야 하고, 예술인이 시장에 와서 놀아야 한다. 물론 쉽지 않은 일이다. 그러나 누군가 나서야 하고 꼭 해야만 한다. 그래서 시장을 떠났던 사람들이 다시 돌아올 수 있도록 해야 한다.

고단함의 상징이 아닌 놀러 가고 싶은 남부시장을 그려본다.

전주역에서 떠나고,
전주역으로 돌아오다

전주역을 떠올리면 늘 두 겹의 풍경이 함께 떠오른다. 하나는 오래전 시청 부근에 있던 옛 전주역의 모습, 또 하나는 지금의 자리에서 새롭게 숨을 고르고 있는 현재의 전주역이다. 위치는 달라졌지만 전주역이 품고 있는 의미만큼은 예나 지금이나 같다. 누군가는 그곳에서 고향을 떠났고, 누군가는 그곳에서 고향에 돌아왔으며, 또 누군가는 새로운 길을 향해 첫발을 내디뎠다. 전주역은 도시의 출입문이었고, 많은 사람들의 사연이 스쳐 지나간 작은 우주와도 같았다.

오래전 전주역이 시청 자리에 있을 때, 그 주변은 지금처럼 복잡

하지 않았다. 역 앞에는 작은 가게들이 줄지어 있었고, 철도를 따라 사람들이 오가는 소리와 기차의 굉음이 조용한 도심을 흔들곤 했다. 전주 시민들은 기차를 통해 서울로, 광주로, 남원과 순천으로 연결되었고, 이 작은 역사는 당시 전북의 중요한 관문이었다. 도시의 중심에서 사람들이 떠나고 돌아오는 모습을 지켜보던 그 시절의 전주역은 전주의 맥박을 가장 가까이에서 느낄 수 있는 장소였다.

도시가 커지면서 전주역은 점점 역할이 변하기 시작했다. 도시 외곽으로의 이전이 결정되고, 지금의 자리로 역이 옮겨오면서 전주는 새로운 철도시대를 맞았다. 당시에는 도시 외곽으로 나가는 전주역이 멀게만 느껴지고 허전하다는 말도 있었지만, 결과적으로 그 변화는 전주의 확장을 이끌었다.

세월이 흐르고 서울에서 근무하게 되었다. 설날이나 추석이 다가오면 고향에 갈 마음이 들뜨면서도 동시에 걱정이 앞섰다. 명절 전후로 고속도로는 언제나 몸살을 앓았고, 꽉 막힌 도로에서 몇 시간씩 갇혀 있는 일은 괴로움이자 일상이었다. 자연스럽게 고속버스보다 기차를 선택하게 되었다. 설렘과 피곤함이 섞인 표정을 하고 서울역에 들어서면 전주행 기차표가 이미 동이 나 있는 경우가 많았다. 좌석표를 구하지 못하면 입석이라도 잡아야 했다. 4~5시간을 기차 통로에서 서 있는 일이 흔했고, 무릎이 떨리고 허리가 아파도 기차가 전주역에 가까워지면 이상하게 마음이 편안해졌다.

기차는 흔들렸고, 사람들은 빽빽하게 서 있었고, 아이들은 울기도 했다. 그럼에도 고향으로 가는 그 시간만큼은 늘 소중했다. 전주에 가까워질수록 창밖 풍경이 달라지고, 낮은 산과 들판이 나타나고, 낯익은 냄새가 코끝에 스며들면 몸 속 깊은 곳에서 이상하게 가라앉던 감정들이 다시 살아났다. 고향이란 몸이 먼저 알아보고 마음이 나중에 따라오는 곳인지도 모른다.

역에 도착하면 가장 먼저 보이는 것은 어머니였다. 낡은 한복을 입고, 손끝에서는 늘 조금 긴장한 듯한 설렘이 묻어났다. 그 시절의 역은 지금처럼 넓지도 않고, 대기 공간도 충분하지 않았지만 어머니의 표정만큼은 그 어떤 공간보다 넓고 환했다. 어머니는 늘 역 대합실 바깥쪽에서 두리번거리며 나를 찾아 헤매곤 하셨다. 그러다 멀리서 내가 보이면 손을 크게 흔들어 반겼다.

명절이 지나 다시 상경할 때 어머니는 언제나 역까지 따라오셨다. 설날의 떡국과 추석의 송편, 반찬 몇 가지와 고기 한 덩이가 보자기 속에 고스란히 들어 있었고, 그것은 단순한 음식이 아니라 어머니의 마음이었다.

"서울 가면 밥도 제대로 못 챙겨 먹을 테니 이거라도 챙겨가라."

나는 그렇게 싸주시는 음식이 조금 부담스러울 때도 있었지만, 막상 서울에서 늦은 밤 혼자 밥을 먹을 때면 그 보자기는 가장 든든한 위로였다. 서울의 바쁜 생활 속에서도 집 냄새가 스며든 그 반찬들은 고향의 온도, 어머니의 손길을 그대로 전해주었다.

지금은 그 시절의 풍경과는 다른 전주역이 우리 앞에 서 있다. 현대식 건물로 변모한 역사는 도시의 관문다운 모습을 갖추기 위해 계속 변화하고 있고, 역 앞 도로는 자연과 어우러지는 형태로 조성되어 전주의 품격을 높이고 있다. 특히 전주역 앞에 조성된 '첫마중길'은 전주의 새로운 얼굴이 되었다. 이름처럼 전주를 처음 만나

전주역 첫마중길

여행자도서관

는 공간이자, 전주를 떠나는 사람에게 마지막 풍경을 선물하는 장소. 나무가 심어지고, 벤치가 놓이고, 작은 광장이 마련된 첫마중길은 시민과 여행자가 자연스럽게 모이는 문화의 공간이 되었다.

첫마중길에는 여행자도서관도 자리하고 있다. 긴 여정을 시작하는 이들, 잠시 시간을 보내려는 이들, 누군가를 기다리는 이들의 발걸음이 자연스럽게 그곳을 향한다. 여행자도서관은 역의 기능을 넘어 도시의 느린 리듬을 품게 해주는 공간이다. 책을 읽는 사람, 지도를 펼치는 여행객, 셀카를 찍으며 웃는 가족들, 버스킹 공연을 듣고 서있는 청년들…. 전주역 앞은 어느 순간 단순히 기차를 타고 내리는 공간이 아니라 문화와 만남이 이루어지는 '전주의 거실' 같은 공간이 되었다.

저녁이 되면 버스킹 음악이 첫마중길을 채우고, 시민들은 산책을 나오고, 아이들은 뛰어놀며 역 앞 광장을 제 집처럼 이용한다. 예전에는 역 앞 광장이 늘 분주한 출입구의 기능만 했다면, 지금은 머물기 위한 장소로 새롭게 자리 잡았다. 도시의 출입구가 도시의 얼굴이 되는 시대. 전주역은 그 변화를 가장 먼저 실천한 공간이라고 할 수 있다.

하지만 한 가지 아쉬움은 여전히 남아 있다. 전주가 지금보다 조금 더 앞선 도시로 성장할 수 있었던 결정적 기회를 놓쳤다는 사실이다. 역 위치가 서부권으로 잡히지 못한 것, 호남선과 전라선의 분기역이 되지 못한 것, 이 두 가지 선택은 전주의 교통 중심성에 큰 영향을 미쳤다. 전주는 전북의 중심도시이면서도, 철도망에서는 늘 주변부 역할을 맡아야 했다. 도시의 성장과 쇠퇴는 때로 아주 작은 선택 하나에 의해 크게 달라지기도 한다. 전주는 그 아쉬움을 조용히 안고 지금의 역사를 이어오고 있다.

그럼에도 미래는 다시 열릴 수 있다. 전주역과 첫마중길이 보여준 변화는 도시의 가능성을 증명하고 있다. 전주는 자연과 문화, 시민의 삶이 함께 흐르는 도시다. 역세권 개발이 단순한 건물 확장이 아니라 시민의 일상을 풍요롭게 만드는 방향으로 나아갈 때, 전주는 다시 한 번 새로운 도약을 할 수 있다.

나는 전주역이 앞으로 더 많은 사람의 '첫 마음'과 '마지막 기억'을 품어주는 공간이 되기를 바란다.

전주에 처음 오는 사람이 전주역에 내리는 순간 이 도시의 품격을 느낄 수 있고, 전주를 떠나는 사람이 역을 벗어나는 순간 이 도시의 온기를 품고 갈 수 있는 곳.

그런 역이라면 위치나 규모의 아쉬움은 자연스럽게 사라질 것이다. 첫마중길이 더 많은 시민들이 모이는 문화광장이 되고, 여행자도서관이 여행의 출발점이자 도시의 휴식처가 되고, 역 주변이 걷고 싶은 거리로 확장될 때 전주역은 단순한 '교통의 출입문'을 넘어서 전주의 정체성을 보여주는 상징이 될 것이다.

전주역은 늘 그 자리에 서서 사람들의 이별과 만남을 지켜보았다.

그곳을 떠나던 사람들은 다시 돌아왔고, 돌아온 사람들은 다시 떠나기도 했다. 시간은 흐르고 모습은 변했지만, 전주역이 품고 있는 사람들의 이야기는 여전히 이어지고 있다. 언젠가 이 역을 다시 찾을 때, 전주역이 보다 성숙한 모습으로 시민들을 맞이해주길 바란다. 떠나는 사람에게는 용기를, 돌아오는 사람에게는 위로를, 처음 오는 사람에게는 환대를 건네는 곳.

전주는 그런 역을 가질 자격이 충분한 도시다.

그리고 그런 전주역이야말로, 앞으로 전주가 어떤 도시로 성장해야 하는지를 보여주는 중요한 이정표가 될 것이다.

아중호수,
기억의 물결을 따라 걷다

전주고등학교를 다니던 시절, 운동장을 지나 언덕을 하나 넘으면 전혀 다른 세계가 펼쳐졌다. 도시의 소음과 분주함이 뒤로 밀려나고, 넓게 트인 하늘 아래 조용히 누워 있는 아중호수가 모습을 드러냈다. 언덕을 넘는 길은 그리 먼 것도 아니었지만, 늘 사소한 설렘을 안겨주는 길이었다. 흙길과 자갈이 섞인 오솔길을 따라 걸으면 어김없이 호수를 스치는 바람 냄새가 먼저 반겨주곤 했다.

그 시절의 아중호수는 지금과 달리 꾸며진 풍경이 아니라 자연 그대로의 모습이었다. 호숫가에는 잡풀과 갈대가 자라고 있었고, 물가로 내려가면 발밑에서 흙이 사각사각 소리를 냈다. 투명한 물빛은 아니었지만, 햇빛을 받아 흔들리는 물결에는 묘하게 편안한 기운이 있었다. 호수 주변에는 논과 밭이 펼쳐져 있었고, 가끔씩 농부가 호미를 들고 오가는 모습이 보였다. 도시라고 하기보다는 마을과 들판의 경계에 서 있는 풍경, 그 속에 아중호수가 있었다.

무엇보다 그곳을 자주 찾게 했던 이유는 호수 근처 언덕에 살던 친구 때문이었다. 우리는 학교가 끝나면 자연스럽게 그 언덕을 향해 발걸음을 옮기곤 했다. 친구의 집 창가에서 내려다보는 호수는 교정에서 바라보던 풍경과는 또 달랐다. 바람이 조금만 불어도 물결이 잔잔하게 흔들렸고, 호수 위로 지는 노을은 동네 어귀까지 붉게 물들이곤 했다. 창가에 걸터앉아 미래에 대한 막연한 이야기를 나누던 그 시절, 호수는 우리에게 따뜻한 배경처럼 자리하고 있었다.

아중역도 그 시절의 기억 가운데 선명하게 남아 있다. 지금은 관광객이 찾는 기찻길 산책 코스가 되어 있지만, 당시 아중역은 작지만 또렷한 존재감을 갖고 있었다. 나무 벤치와 작은 대합실, 그 위로 비스듬하게 내려오는 햇빛. 기차가 들어올 때면 플랫폼 아래에서부터 철길이 울렸다. 그 진동은 기차의 무게만큼이나 사람들의 마음을 흔들어놓기도 했다.

아중역 앞은 전형적인 마을 풍경이었다. 작은 점방, 텃밭, 삐걱거리는 자전거를 타고 지나가는 아이들. 그 속에서 아중역은 도시와 농촌을 잇는 작은 관문이었고, 사람들의 기대와 이별이 오가는 공간이었다. 많은 이들이 이곳에서 누군가를 배웅하고, 또 누군가를 기다렸다. 기차는 사람들을 실어 나르는 동시에, 지역의 시간을 한 칸씩 앞으로 밀어내는 역할을 했다.

그러나 시간이 흐르면서 아중역은 점점 역할을 잃었다. 도로가 넓어지고 버스 노선이 늘어나면서 기차의 필요성이 줄어들자 역은 조용히 문을 닫았다. 기차가 멈춘 철길은 한동안 방치되기도 했고, 아중호수 주변도 개발의 손길이 닿기 전까지 사람들의 발길이 크게 줄어갔다. 예전의 생생한 풍경은 서서히 사라지고, 아중호수는 기억 속의 공간으로만 남을 것처럼 보였다.

하지만 놀랍게도, 아중호수는 다시 깨어나고 있었다. 개발이라는 이름 아래 완전히 바뀌어버린 곳이 아니라, 과거의 풍경을 토대로 새로운 이야기를 품어낸 공간으로 재탄생한 것이다. 그 중심에는 호숫가에 세워진 도서관이 있었다.

처음 도서관 건립 소식을 들었을 때는 조금 놀랐다. '아중호수에 도서관이라니.'

그런데 완공된 도서관을 방문하자, 왜 이곳이어야 했는지를 단번

아중호수

아중역 레일바이크

에 이해할 수 있었다.

도서관의 큰 창 너머로 펼쳐진 아중호수는 단순한 풍경을 넘어 하나의 이야기처럼 다가온다. 책을 읽다가 문득 고개를 들면, 바람에 흔들리는 물결이 창가를 가득 채우고, 물빛은 시간대에 따라 다르게 반사된다. 아침에는 고요한 색으로, 오후에는 부드러운 갈빛으로, 저녁이면 노을을 닮은 색으로 변한다. 사람들은 책장을 넘기다가도 풍경에 마음을 빼앗기고, 다시 문장으로 돌아오는 시간을 반복한다.

도서관은 지역의 문화 중심지가 되었고, 시민들은 자연스럽게 이 공간에 머무르게 되었다. 아이들은 동화책을 읽고, 청년들은 공부를 하며, 어르신들은 조용히 호숫가를 바라보며 시간을 보낸다. 예전에는 빠르게 지나치던 공간이 이제는 머물기 위해 찾는 공간으로 바뀐 것이다.

아중역도 새로운 쓰임을 얻었다. 기차는 더 이상 다니지 않지만, 폐선된 철길에 사람들이 걸음을 디딘다. 오래된 역사는 정리되어 작은 전시공간, 쉼터, 포토스폿으로 변모했다. 관광객들은 철길 위에서 사진을 찍고, 가족들은 함께 걸으며 옛 기차길의 분위기를 느낀다. 멈춘 시간이 다시 움직이기 시작한 것처럼, 그 길을 따라 걷는 사람들의 발걸음이 새로운 의미를 만들어내고 있다.

아중호수와 아중역의 변화는 단순히 시설 개선이나 개발의 결과가 아니다. 과거의 흔적을 지우지 않고, 그 위에 현재의 필요와 감성을 더해 재해석한 과정이다. 전주라는 도시가 지닌 시간의 층위를 그대로 살려내면서도 현대인의 삶에 맞는 공간으로 전환한 사례라 할 수 있다.

그렇다면 앞으로 아중호수는 어떻게 변화해야 할까.

나는 아중호수가 '과한 개발'이 아닌 '깊은 보존'을 선택하는 공

아중호수도서관

간이 되기를 바란다. 자연과 사람이 적당한 거리를 유지한 채 서로의 존재를 존중할 수 있는 공간, 도시의 속도가 아니라 사람의 속도가 중심이 되는 공간 말이다.

호수 생태를 보존하고, 물가를 따라 계절 변화를 온전히 느낄 수 있는 산책길이 유지되면 좋겠다. 도서관은 지역의 문화적 중심지로 계속해서 시민들의 배움을 이어주는 역할을 해야 한다. 아중역 기찻길은 단순한 포토존을 넘어, 전주의 시간과 역사를 기록하는 산책로가 되었으면 한다.

또한 이 지역이 전주시민에게 자연스럽게 스며드는 '생활 문화권'으로 자리 잡으면 좋겠다.

호수를 중심으로 작은 음악회가 열리고, 주민 참여 프로그램이 운영되고, 아이들이 자연을 배우는 생태 공간이 마련되면 이곳은 단순한 관광지가 아니라 '전주 사람들의 삶이 사는 곳'이 될 것이다.

아중호수는 이미 전주의 풍경 속에 깊이 자리 잡았다. 중요한 것은 '어떻게 남을 것인가'이다.

도시가 변하고 기술이 발전하더라도, 사람에게 필요한 것은 여전히 고요한 풍경과 마음이 쉬어갈 수 있는 공간이다. 아중호수는 그 역할을 충분히 해낼 수 있는 장소다.

언젠가 또 다른 세대가 이 호숫가에서 추억을 만들고, 그 기억을 마음 깊은 곳에 간직하게 될 것이다. 그들이 아중호수를 떠올리며 미소를 짓는 순간이 온다면, 이 공간은 이미 도시의 품격을 지키는 상징이 되어 있을 것이다.

물이 잔잔히 흐르는 호수를 바라보며 문득 이런 생각이 든다.

“변하는 도시 속에서도 변하지 않는 풍경이 한 곳쯤은 있어야 한다고.” 아중호수는 그 역할을 오래도록 이어가야 할 전주의 소중한 얼굴이다.

· chapter 1 ·

송재영의 설레는 전주 이야기

함께

Together

살고싶은 전주를 생각하다

자연과 사람이 공존하는 삼천동

행정수도 효자동에 머물다

젊음을 보낸 덕진동에서 미래를 보다

센트럴파크 세병호에서 자연을 생각한다

전주의 허파, 건지산에서 쉼을 찾다

자연과 사람이 공존하는 삼천동

효천지구가 개발되면서 사람들은 삼천동을 효자동으로 편입해야 하는지 논란을 벌인 적이 있다. 언뜻 사소해 보이지만, 그 속에는 이 지역을 바라보는 오래된 시선과 감정이 담겨 있다. 삼천동이라는 이름만 들으면 왠지 낙후된 지역 같고, 구도심이라는 이미지가 떠올라 주민들 스스로도 마음 한켠이 쓰라렸을 것이다. 평생을 완산구에서 살며 여러 동네를 지나온 나로서도, 동 이름 하나가 사람들 마음에 이런 무게를 남긴다는 사실이 늘 안타까웠다.

막상 살아보면 동네의 따뜻함과 공동체의 온기는 이름과 무관한데, 이상한 고정 관념은 쉽게 사라지지 않는다. 그래서 효자동으로 묶이기를 바라는 주민들의 마음을 이해하면서도, 한편으론 "삼천동이라는 이름도 충분히 빛날 수 있는데"라는 생각이 들곤 했다.

사실 삼천동은 자연 조건만 놓고 보면 그 어떤 동네보다도 훌륭한 명당이다. 동네를 감싸 안은 모악산, 그 아래를 흐르는 삼천천. 예로부터 수도로 적합한 땅은 산으로 둘러싸여 있고 물이 흐르는 곳이라고 했다. 그 기준으로 본다면 삼천동은 전주의 남쪽에 자리한 최적의 터전이다.

그럼에도 '구도심'이라는 이미지가 덧씌워져 떠나려는 동네로 비쳐왔던 이유는 단순하다. 오래된 동네가 시간이 흐르면 자연스레 낙후되고, 도시의 중심에서 점점 멀어지기 때문이다. 하지만 삼천동은 그런 단순한 설명만으로 정의할 수 없는 풍부한 이야기들이 오랜 세월 축적된 동네다.

먼저 삼천동은 모악산을 품고 있다. 전주에서 모악산의 품으로 들어갈 수 있는 유일한 관문이 바로 삼천동이다. 이 길을 지나야만 모악산으로 향할 수 있다. 동네 어디에서든 우뚝 솟은 모악산의 능선을 바라볼 수 있다는 것은 큰 축복이다. 모악산은 예로부터 '어머니의 산'으로 불리며 도민들에게 포근함을 주는 존재였다. 해가 기울 때 산의 능선 위로 드리워지는 붉은빛은 삼천동이 가진 풍경의 품격을 말없이 드러낸다.

완산체련공원

삼천동을 대표하는 또 하나의 자랑은 체련공원이다. 전주에는 덕진체련공원과 완산체련공원이 있는데, 그중 하나가 바로 이곳 삼천동에 자리한다. 축구장 세 개, 족구장, 테니스장, 클라이밍 시설, 농구장 등 다양한 운동시설이 밤낮 없이 활력을 불어넣는다. 야간 조명 아래에서 운동하는 주민들의 모습은 이 동네의 건강한 에너지를 상징하는 장면이기도 하다. 계절마다 다른 풍경을 보여주는 우두제 연못 산책길은 삼천동 주민들의 일상을 담담하게 품어주는 자연의 쉼터다.

삼천천 야경

· chapter 1 ·
송재영의 설레는 전주 이야기

그러나 무엇보다 삼천동이 받은 최고의 선물은 역시 삼천천이다. 천변이 잘 조성되어 있어 산책, 운동, 자전거 등 시민이 일상에서 자연을 가장 가까이 만날 수 있는 전주 남부권의 대표적 휴식처다.

아쉬운 점도 있다. 홍수가 잦아 꽃을 심거나 다양한 시설물을 설치하기 어렵다는 이유로, 천혜의 자연을 충분히 활용하지 못하고 있다는 것이다. 하지만 생각해보면 이것은 극복할 수 없는 문제가 아니다. 홍수로 꽃이 쓸려 내려가면 다시 심으면 되고, 시설물도 홍수에 견딜 수 있는 방식으로 설계하면 된다.

이미 현재의 산책로와 자전거길, 파크골프장, 축구장도 큰 비가 온 뒤 얼마 지나지 않아 다시 정상적으로 이용되고 있다.

"뭐가 무서워서 뭐 못한다"는 말처럼, 오히려 단점 때문에 아무것도 하지 않는 것은 시민에게 손해다.
용기 있게 시도하고 조금씩 고쳐 나가면 삼천천은 전주를 대표하는 명품 하천으로 거듭날 수 있다.

삼천동의 밤은 또 다른 매력을 보여준다. 효천다리에서 시작되는 먹자골목은 해가 지고 조명이 켜지면 인산인해가 된다. 가족, 연인, 친구, 직장인… 이곳에서 만나는 사람들의 표정을 보면 하루를 버텨낸 작은 위로가

막걸리골목

담겨 있다.

“오늘 하루 애썼다.”

삼천동 먹자골목의 활기 속에는 그런 말이 자연스레 깃들어 있다. 뜨는 브랜드가 가장 빨리 입점하는 곳이어서, 동네를 한 바퀴만 돌아도 요즘 어떤 음식이 유행인지 금세 알 수 있다.

우리 가족도 즐겨 찾는 이 골목은 삼천동을 더욱 생생하게 만드는 문화적 에너지다.

삼천동 하면 빠질 수 없는 또 하나의 명소는 전국적으로 유명한 막걸리 골목이다. 좁은 골목 양쪽에 오래된 막걸리집들이 다닥다닥 붙어 있어, 전주를 찾는 관광객이라면 반드시 들러 인증샷을 남기는 곳이다. 예전처럼 막걸리 한 대접에 수십 가지 안주가 나오는 '전주 인심'은 많이 줄었지만, 여전히 이 골목은 전주의 넉넉함과 서민적 정서를 상징한다.

그 위쪽으로 올라가면 삼익수영장 시장이 있다. 규모는 크지 않지만, 신선하고 다양한 재료를 구입할 수 있어 장이 서는 시간이면 발 디딜 틈이 없을 정도다. 시장을 걸으면 펼쳐진 난장에서 여러 가지 구경도 할 수 있고 사람 사는 냄새가 나서 어머니도 오래전부터 이곳을 꾸준히 이용하고 있다.

이렇게 많은 장점에도 불구하고 삼천동이 가진 이미지는 늘 아쉬움이 뒤섞여 있었다. 그래서 나는 가끔 생각한다.

"어떻게 하면 삼천동이 진짜 '명품 삼천동'으로 거듭날 수 있을까?" 답은 의외로 간단하다.

삼천동이 이미 갖고 있는 자산들을 연결하고, 확장하고, 시민의 일상 속으로 스며들게 만드는 일이다. 삼천천에는 '물빛책방' 같은 작은 책방이 생기고, 천변 곳곳에 시민이 쉴 수 있는 작은 도서관이 자리한다. 천변 산책길은 계절마다 꽃과 나무가 다른 색을 입어 걸을 때마다 풍경이 달라지는 길이 된다. 생태공원과 작은 음악회, 길거리 전시가 자연스럽게 이어지고, 천변 야시장이 열려 사람들의 발걸음을 모은다. 아이들을 위한 여름 물놀이장, 생태 체험 공간이 조성되어 가족 단위 방문이 늘어난다. 쓰레기 제로 운동이나 플로깅 같은 시민 참여 프로그램이 운영되면 주민 스스로가 삼천동을 아름답게 만들어갈 수 있다. 조금만 마음을 모아 이런 변화들이 이어진다면 삼천동은 명실상부한 명품 지역으로 성장하게 될 것이다.

삼천동은 전주 남쪽의 가장 넓은 품을 가진 동네다. 산과 물, 사람과 시장, 생활과 문화가 자연스럽게 어우러져서 누구나 자부심을 가질 수 있는 지역이다. 명품 삼천동은 거창한 지역 개발로 만들어지는 것이 아니라, 사람들이 머무르고, 걷고, 쉬고, 웃고, 다시 찾을 수 있는 공간으로 스며들 때 비로소 완성된다. 삼천동은 이미 그 가능성을 충분히 품고 있고, 이제 그 가능성을 꺼내는 일만 남았다.

행정수도 효자동에 머물다

이른 아침 백팩을 메고 효자동으로 향한다. 효천 천변에 차를 주차하고 한적한 산책길을 따라 나만의 공간으로 들어선다. 익숙한 카페의 문을 열면 사장님의 하이톤 목소리가 들린다. "안녕하세요, 좋은 아침입니다." 오늘도 왠지 좋을 일이 생길 것 같은 기분 좋은 노랫소리이다.

케모마일 한 잔을 주문해 2층 창가 자리에 앉는다. 창문 사이로 신선한 공기가 스며들며 밤새 쌓인 생각의 먼지를 걷어낸다. 따뜻한 차를 마시며 노트북을 열면 하루가 시작된다. 메일을 확인하고, 기획서를 정리하고, 강의안을 검토한다. 효자동에서의 오전은 조용히 시작되지만, 그 안에는 보이지 않는 강렬한 에너지의 흐름이

케페에서 바라본 효천 천변

있다. 기발한 아이디어, 철저한 준비, 체계적인 과정이 이곳에서 기획되어 나의 미래가 만들어지고 있기 때문이다.

이 카페는 제2의 사무실이다. 사무실이 따로 있지만 집중이 필요할 때면 늘 이곳으로 온다. 효자동은 전주의 '행정수도'라 불릴 만큼 관공서와 공공기관이 밀집되어 있고, 그만큼 공적인 공기와 사람의 열정이 뒤섞여 있다. 카페 안에는 노트북을 펼쳐 놓고 공부하는 학생, 취업을 준비하는 청년, 비즈니스를 하는 사업가, 잠시 휴식을 취하는 샐러리맨, 담소를 나누는 분들이 있다. 모두가 자기 몫의 하루를 살아내기 위해 이 공간을 찾아 잠시 머물고 있다.

점심 무렵이면 전북특별자치도교육청 근처로 향한다. 효자동은

전북특별자치도청 및 도의회

행정 중심지답게 김치찌개와 순대국, 초밥, 생선구이, 짬뽕, 동태탕, 파스타까지 다양한 종류의 식당들이 있고 가성비까지 좋아 많은 사람들이 찾는 곳이다. 그날그날 생각나는 메뉴를 선택하여 식사를 하고, 식사 후엔 카페로 옮겨 차 한잔을 나눈다. 퇴직하고 좋은 점 중 하나가 자유로운 점심시간이다. 직장생활을 할 때는 점심시간이 짧아 쫓기듯 식사만 하고 헤어져야 하는 게 항상 아쉽고 함께한 사람들에게 미안한 마음이었다. 이제는 식사도 여유롭게 하고 식사 후에 차를 나누며 많은 이야기를 나눌 수 있어 좋다. 두 시간 정도 한 사람에 집중하며 대화를 나누다 보면 그 사람에 대해 많은 것을 알 게 되고 그의 세계를 조금이나마 이해할 수 있어 점심시간은 인생의 최애 시간이 되었다.

오후에는 주로 일을 한다. 전북특별자치도교육청 시민감사관으로 활동한 지도 어느덧 3년째다. 1년에 두 번, 교육행정의 투명성을 점검하는데, 처음에는 낯설고 조심스러웠지만 이제는 동료 감사관들과 의견을 나누는 일 자체가 보람이 된다. 때로는 청렴 거버넌스 점검단에도 참여하여 외부 시각에서 교육청의 청렴 정책을 살피고 조언한다. 현직 때는 몰랐던 행정의 섬세한 결을 알게 되면서 일이라는 것이 결국 사람의 마음에서 시작된다는 것을 다시 느낀다.

가끔은 전북특별자치도청에도 들른다. 공공디자인진흥위원으로서 각종 공공건축물의 안전과 디자인을 살피고 의견을 제시한다. 전라북도 14개 시군을 돌며 현안을 파악하고 5개년 계획 수립에도 참여한다. 행정이라는 단어가 차갑게 들릴 때도 있지만 그 속엔 더 나은 공간과 도시를 향한 따뜻한 고민이 숨어 있다. 효자동이 바로 그런 곳이다. 전북의 행정이 이곳에서 시작되고, 미래의 정책이 이곳에서 설계된다.

신시가지

효자동을 자주 찾는 이유 중 하나는 오랜 친구 때문이다. 도청 옆에 사무실을 둔 그는 내게 인생의 멘토이자 조언자다. 힘들거나 결정이 어려운 일이 생기면 가장 먼저 이 친구를 찾는다. 따뜻한 말 한마디가 때론 길고 긴 고민의 끝을 밝혀준다. 둘이서 마주 앉아 차를 마시다 보면 시간은 금세 흘러가고 세상 근심이 녹아내린다. 효자동은 내게 행정의 중심지이자 우정과 사색의 중심지이기도 하다.

해가 저물면 효자동의 또 다른 얼굴이 드러난다. 신시가지 거리엔 불빛이 켜지고 젊은이들의 웃음소리가 넘친다. 세련된 카페와

식당, 감각적인 인테리어의 샵들이 즐비하고 곳곳에서 음악이 흘러나온다. 변화에 민감하고 트렌드의 흐름이 빠른 곳, 그래서 언제 와도 젊음이 느껴지는 곳, 바로 효자동이다. 나는 가끔 이 거리 한복판에 앉아 그 에너지 속에서 다시 젊음을 느낀다.

효자동은 행정의 중심지이자, 문화와 미래가 공존하는 전주의 심장이다. 도청과 교육청, 우정청, 경찰청, KBS 등 주요 기관이 밀집해 있어 '전북의 두뇌'라 불리지만, 동시에 시민들의 삶이 녹아 있는 '생활의 중심'이기도 하다. 앞으로 효자동이 단순한 행정 중심지를 넘어 지속 가능한 스마트 행정도시, 청년과 중장년이 함께 어우러지는 교류의 장, 문화와 예술이 공공의 언어로 숨 쉬는 공간으로 발전하길 바란다.

오늘도 나는 그 중심에서 하루를 시작하고, 또 마무리한다. 효자동의 공기가 내 삶의 리듬이 되었듯, 이 도시가 전북의 심장으로 오래도록 건강하게 뛰기를 바란다. 행정과 시민, 전통과 미래가 함께 머무는 곳, 그곳이 바로 효자동이다.

젊음을 보낸 덕진동에서 미래를 보다

한 달 넘게 새벽에 깨어 잠을 이루지 못하고 있다. 예순을 넘은 나이에 잠 못 이루게 하는 것은 무엇일까? 문제 인식과 대안 제시는 나름 한다고 생각하며 살아왔는데 이번만은 아닌 것 같다. 왜 방향을 정하지 못하고 헤매고 있는 걸까? 원인을 잘 모르고 있는지 아니면 시작이 잘못되었는지 답을 알 수 없다. 사회생활이 힘들거나 고민이 있거나 삶이 지칠 때 찾는 곳이 있다. 청춘을 하얗게 불살랐던 전북대학교이다. 회사 일이 잘 풀리지 않거나 개인적으로 어려운 일을 마주할 땐 출근을 하면서 잠시 교정에 들러 생각을 정리하곤 했다. 옛 정문을 통해 캠퍼스에 들어서면 담을 사이에 두고 전혀 다른 세상에 온 것처럼 공기마저 다르게 느껴졌다. 첫 수업을

전북대학교 옛 중앙도서관

듣기 위해 바쁘게 발길을 옮기는 학생들 사이로 걸어 들어가면 20대 학창 시절로 순간 이동을 하게 된다. 출근 시간도 잠시 잊은 채, 강의실을 찾아 헤매는 신입생처럼 설레는 마음으로 교정 여기저기를 걷다 보면 작은 실마리를 찾곤 했다.

오랜만에 교정을 찾았다. 이 이야기의 끝에서 작은 단초라도 얻기를 바라며 한걸음 내디딘다. 대학에 다니면서 꿈꾸던 당찬 목표는 이루지 못했지만, 처음으로 사랑과 인생을 배우며 행복해하고 아파하고 괴로워했던 추억 가득한 곳이다. 학교 고시원 옥상에서 친구들과 함께 도시락을 먹던 일, 도서관 폐문 시간에 중앙도서관을 내려오면서 바라보았던 밤하늘의 수많은 별들, 학창 시절 한 번도 축제에 참여하지 못했던 아쉬움, 미팅 한번 못하고 졸업을 해야 했던 슬픈 기억들이 스쳐 지나가는 청춘 일기의 희로애락이 있는 곳이다. 40년이 지난 지금도 그때의 일들이 어제의 일처럼 생생하게 떠오르는 것을 보면 그곳에서의 순간들이 강렬하고 의미 있게 남아 있기 때문인 것 같다.

대학은 그 지역에서 가장 역동적이고 젊은 공간이다. 막 개학을 한 캠퍼스에 들어서니 어디서 그렇게 많은 청년들이 모였는지 젊은이들이 쏟아져 나온다는 표현이 맞을 정도이다. 고등학생 티가 나는 앳된 학생부터 예비역을 거쳐 늙다리 같은 학생까지 청년들로 캠퍼스가 꽉 차있다. 생동감이 넘치고 뭔가 좋은 일이 일어날 것 같은 기대와 미래에 대한 설렘이 충만하다. 이런 곳이 지역의 중심이 되면 좋겠다는 생각이 든다. 이곳의 에너지가 침체되어가는 전주에 활력을 불어넣어주면 좋겠다. 최근 '글로컬 대학 30'에 선정되어 5년간 2,000억 원을 지원받아 지역과 지역대학들의 상생발전을 이끄는 글로벌 허브 대학으로의 도약을 꿈꾸고 있다. 지역 발전과 미래를 선도하기 위해 무엇을 담으면 좋을까 고민해 본다. 전주시에도 세계적으로 인정받는 대학이 하나쯤 있으면 좋겠다.

4년의 추억을 뒤로하고 덕진연못을 찾았다. 전주시민이 오랫동안 사랑하며 가장 많이 찾고 있는 공원이 아닌가 싶다. 어릴 적 단오가 되면 매년 어머니를 따라 이곳에 오곤 했다. 멀리서 오리배를 함께 타고 있는 어머니와 나의 모습이 스쳐 지나간다. 자식의 건강을 바라며 연못 창포물에 머리를 감아 주셨던 어머니의 손길이 아직도 따뜻하게 남아 있다. 아내가 부모님께 인사를 하러 처음 전주에 왔을 때도 덕진연못을 찾아 함께 거닐었다. 전주의 모습과 나의 성장 과정을 보여주기 딱 좋은 곳이라 생각했던 것 같다. 연못 가운데에 있는 연화정 도서관에 들러 책 한 권을 골라 자리를 잡는다. 한옥 격자 창문 사이로 보이는 연꽃은 아름다움을 넘어 속세의 번뇌에 흔들리지 않으려는 불심을 느끼게 한다. 읽던 책의 갈피에 나만 아는 표시를 하고 다시 올 것을 기약하며 자리에서 일어선다. 일상에서 벗어나 잠시라도 상념을 비우며 치유와 힐링을 할 수 있어 좋다. 뒷짐을 지고 유유자적 한 바퀴를 돌아 나와 가련산으로 향했다.

가련산 고개를 넘기 위해 학교 버스를 밀고 있는 까까머리 중학생들의 모습이 떠오른다. 내가 다니던 덕진중학교는 가련산 아래

덕진연못 내 연화정도서관

덕진연못 내 연화정도서관

자리하고 있어 학교에 가기 위해서는 고개를 넘어야 하는데 비만 오면 통학 버스가 미끄러져 학생들이 버스에서 내려 밀고 넘어야 했다. 지금은 포장이 되어 그럴 염려는 없어 보여 다행이다. 철없던 초등학생에서 교복을 입은 진짜 학생으로 성장하며 다녔던 중학교 3년은 무척 힘들었다. 공부가 서열화되어 매달 받아보는 성적표는 한순간도 긴장의 끈을 놓지 못하게 했다. 성적이 오르면 오른 대로 떨어지면 떨어진 대로 사랑의 채근을 받으며 다녔다. 당시만 해도 학생들은 공부하기 힘든 학교로 꺼려했지만 학부모들 사이에는 공부를 잘 가르치는 학교로 소문이 나서 입학을 선호하는 학교였다. 교문을 지나 정상에 오르니 충혼탑이 옛 모습 그대로 반겨 주었다. 새벽에서 야간까지 이어지는 학교생활이 힘들어 가끔 현실에서 도망치듯 올라와 잠시 휴식을 취하곤 했던 곳이다. 잠시 충혼탑에 앉아 교정을 내려보니 후배들이 뛰노는 모습이 정겹다. 그때 함께 다녔던 친구들은 어디서 무엇을 하며 지낼까 궁금하다.

산기슭 아래 텃밭을 가로질러 거닐다 보면 옛 법원에 도달한다. 몇 해 전 법원과 검찰청이 만성동으로 이사를 하여 현재는 빈 공간으로 남아 있다. 반평생을 보냈다고 해도 과언이 아닐 검찰청사를 마주하며 치열하게 살았던 삶이 떠오른다. 내가 담당한 사건만큼

옛 검찰청 법원

은 '유전무죄 무전유죄'가 아닌 모든 사람이 법 앞에 평등하고 공정한 처리를 하겠다는 소박하지만 소중한 가치를 지키려 노력했다. 점심시간이 되면 식사를 마치고 산자락을 따라 덕진중학교 둘레를 거닐며 초심을 잃지 않기 위해 몸과 마음을 가다듬곤 했다. 퇴직 후에 누구를 만나도 떳떳할 수 있고, 내가 근무한 곳이 어디였는지 자신 있게 말할 수 있도록 최선을 다했다.

옛 법원 부지에 위탁개발사업으로 문화시설, 지식산업센터, 공공주택 등이 들어설 계획이라고 한다. 전에 근무할 때 청사 현관에서 바라보면 부지가 높아 아름다운 전주 시내의 풍경을 한눈에 감상할 수 있었다. 이런 장점을 살려 지역과 대학이 연계한 인공지능 분야의 허브 역할을 상징하는 타워를 세워보면 어떨까. 뒤로 가는 전주가 아닌 앞으로 나아가는 전주를 만들기 위해 머리를 맞대어야 한다. 열정이 넘치는 청년들의 에너지를 쏟아부어 AI 시대를 넘어 AGI 시대, ASI 시대를 준비하는 인공지능 메카 도시로 만들어 보면 좋겠다.

중학교, 대학교, 직장시절까지 30여 년을 이곳 덕진동에서 보냈다. 가장 많은 시간과 노력을 쏟아부었던 이곳에 남다른 애정이 있다. 덕진동을 거닐며 전주의 미래를 바라본다.

센트럴파크 세병호에서 자연을 생각한다

아들이 분가한 뒤 모처럼 집에 들른 날이었다. 오랜만에 함께 걸으며 이런저런 이야기를 나누고 싶어 체련공원으로 산책을 권했다. 아들은 뜬금없이 세병호에 가자고 했다. 예상치 못한 말이라 이유를 물어보니 그냥 그곳이 좋다고 한다. 집에서 세병호는 도심을 가로질러 정반대편에 있어 차로도 제법 시간이 필요한 거리다. 체련공원으로 다시 한번 슬쩍 방향을 돌려보았지만 아들은 좀처럼 흔들리지 않았다.

아들은 가는 내내 아무 말이 없었다. 나는 묘하게 설레고 조금은 긴장된 마음으로 핸들을 잡고 에코시티로 향했다. 세병호를 찾아가는 시간 동안 '저 아이가 왜 굳이 그곳을 가고 싶어 했을까' 하는 생각을 해 보았다. 아이의 마음이 조금씩 독립해가는 과정에서, 아마 나와의 시간을 조금 다르게 보내고 싶었던 것일까, 아니면 세병호에 대한 작은 추억이 있었던 것일까.

해가 막 저문 시간이라 공원은 어둑해지고 가로등이 하나둘 켜지기 시작했다. 이른 저녁 식사를 마친 주민들이 천천히 걸어나와 호숫가를 거닐고 있었다. 런닝 크루로 보이는 젊은이들은 운동 전 스트레칭을 하고 있었고, 나이 지긋한 부부는 천천히 팔짱을 끼고 산책을 즐기고 있었다. 반려견을 데리고 나온 가족들, 데이트를 즐기는 연인들, 아이들과 함께 나온 부모들의 모습까지 세병호는 다양한 사람들을 조용히 품어 안고 있었다.

처음에는 낯선 동네라 조심스러웠지만, 금세 동네 마실길을 걷듯 마음이 편해졌다. 걷다 보니 아들이 이곳에 오고 싶어 했던 이유를 어렴풋이 알 것도 같았다. 세병호는 놀라울 만큼 사람들이 많았고, 특히 젊은 세대가 유독 눈에 띄었다. 전주 시내 어디에서도 이토록 많은 사람들이 저녁 시간에 자연스럽게 모여 산책을 즐기는 곳은 거의 없다.

중인동에서 오랫동안 조용한 산책길만 걸어온 내게 이 풍경은 새로운 문화였다. 어쩌면 서울이나 해외에서 보던 장면 같은데, 그것이 지금 내가 사는 도시에서 펼쳐지고 있다는 것이 뭔가 벅찼다. '촌놈이 처음 서울 구경을 나온 듯한 느낌'이라는 표현이 딱 맞았다.

에코시티는 군부대 이전 부지에 조성된 신도시다. 고층 아파트가 빽빽하게 들어서 있어 처음 이곳에 들어오면 숨이 막힐 듯 답답하기도 하다. 도시의 심장이 너무 빠르게 뛰는 것 같은 느낌이다. 그 아파트 숲 한가운데 세병호가 자리하고 있다. 거대한 건물 틈 사이에서 이 호수는 일종의 '숨구멍' 같은 역할을 하고 있었다. 만약 세병호가 없었다면 이곳 사람들은 어디에서 숨을 고르고, 어디에서 마음을 내려놓았을까 생각해보니 아찔했다.

걷다 보니 야외 공연장이 보였다. 몇 년 전 아는 분의 초대로 이곳에서 공연을 본 적이 있었다. 관중석이 따로 없는 무대, 대신 잔디 위에 돗자리를 펼쳐 가족·연인·친구와 함께 앉아 간단한 음식을 먹으며 공연을 즐기던 주민들의 모습, 그 여유로운 풍경은 한동안 머릿속을 떠나지 않았다. 해외에서나 볼 법한 장면이 내 삶과 맞닿은 도시에 존재한다는 사실이 신기했고 조금은 감동적이었다.

세병호를 걸으며 문득 뉴욕의 센트럴파크를 떠올렸다. 센트럴파크는 처음부터 멋진 공원이 아니었다. 그곳은 원래 습지였고, 무허가 채석장과 가축 농장, 빈민들의 판잣집이 뒤섞인 공간이었다고 한다. 1850년경 저널리스트 윌리엄 브라이언트의 캠페인을 계기로 도시 한복판에 공원을 만들자는 논의가 본격화 되었으나 일부 사람들은 반대했다.

"폭증하는 뉴욕 인구를 감당하기도 벅찬데, 맨해튼 중심 땅을 공원으로 비워둔다고?"

그때 조경가 옴스테드가 이렇게 반박했다.

"지금 이곳에 공원을 만들지 않는다면, 100년 후에는 이만한 규모의 정신병원이 필요할 것입니다."

옴스테드는 기후와 자연, 도시의 속도와 인간의 일상 관계를 꿰뚫어보고 있었던 것이다.

그의 예지는 정확했다. 센트럴파크는 결국 뉴욕 시민의 정신 건강을 지키는 녹색 심장으로 자리했고, 세계의 도시들이 공원을 도시계획의 중심에 두는 전환점을 만들었다.

세병호도 마찬가지다. 센트럴파크와 규모나 역사적 배경은 전혀 다르지만, '도시에 필요한 자연의 의미'는 동일하다. 높은 건물 사이에서 살아가는 시민들에게 세병호는 단순한 산책 공간이 아니라

세병호

마음을 되살리는 샘물 같은 존재다. 세병호를 걸을수록 이곳이 사람들에게 어떤 의미인지 더 깊이 생각하게 되었다. 누군가는 이곳에서 하루를 정리하고, 누군가는 가족과 추억을 쌓고, 누군가는 운동을 통해 건강을 다지고, 어떤 사람은 말없이 앉아 마음의 무게를 내려놓는다. 누군가에게는 데이트의 장소가 되고, 다른 누군가에게는 반려견과 함께 걷는 일상의 소중한 장면이 된다. 세병호는 사람들의 삶이 켜켜이 쌓여가는 도시의 작은 축소판이다. 여기에는 도시의 속도도, 가족의 정서도, 청춘의 활기도, 노년의 여유도 모두 공존한다. 이 호수는 단지 물이 고여 있는 공간이 아니라, 도시의 감정이 모이고 흘러가는 넓은 그릇이다. 도시는 결국 공간이 아니라 사람으로 완성된다. 그리고 그 사람들을 가장 부드럽게 연결해 주는 것이 자연이다.

세병호는 그런 의미에서 에코시티를 지탱하는 실질적인 '도시의 심장'이다. 사람들이 이곳에서 내쉬는 숨과 걸음은, 도시가 앞으로 어떤 방향으로 나아가야 하는지를 조용히 알려준다. 그렇기에 앞으로 전주가 도심을 개발할 때 '세병호 같은 자연을 반드시 남겨야 한다'는 교훈을 얻는다. 아파트와 상업시설 사이에 단 한 줄기의 숲길이라도, 작은 습지 하나라도, 한 조각의 호수라도, 사람은 그

세병호 내 공연장

자연을 따라 걷고 바라보고 쉬며 살아간다. 도시가 아무리 화려해져도 사람의 마음은 결국 자연을 찾아간다. 자연은 선택이 아니라 도시를 구성하는 필수 기반이다.

세병호는 전주에 남겨진 자연의 가능성을 보여준다. 이곳을 잘 가꾸고, 시민이 더 편안히 머물 수 있도록 관리하며, 문화와 쉼이 자연스럽게 녹아드는 공간으로 지속적으로 발전시켜야 한다. 세병호가 사람들의 마음을 품고 있듯, 전주의 다른 개발 지역에서도 이런 자연의 품을 곳곳에 마련해야 한다. 삶의 방향이 흔들릴 때, 생각이 복잡할 때, 사람이 가장 먼저 찾는 곳은 결국 자연인 것 같다. 그래서 세병호는 전주의 새로운 삶의 방식이자, 앞으로 전주가 어떤 도시가 되어야 하는지 보여주는 한 컷 같은 곳이다.

아들과 함께 걷던 그날 밤, 어쩌면 아들이 세병호를 찾은 이유는 단순히 산책을 하고 싶어서가 아니라 자연 속에서 편안히 숨을 쉴 수 있는 장소가 그곳이기 때문이었는지 모른다. 아니 젊은이들이 모여 함께 걷고 뛰고 숨쉬는 그런 공간에 스며들고 싶었는지도 모른다. 더하여 오래전 사귀었던 여자 친구가 갑자기 생각나서 인지도 모르겠다. 이유가 무엇이든 아들이 찾고 싶었던 이유를 세병호에서 얻었으면 하는 바람이다.

전주는 지금, 세병호에서부터 다시 설레기 시작하고 있다.

전주의 허파, 건지산에서 쉼을 찾다

대학 동창 중에 연화마을에 살던 친구가 있었다. 대학교에서 만난 친구지만 4년을 온전히 함께 보내다 보니 여느 오래된 친구보다 가깝게 지냈다. 졸업 후에 군대도 함께 입대했으니, 꽃 같은 청춘의 시간을 함께 견뎌낸 셈이다.

그 친구는 진안의 깊은 산골에서 태어나 자랐다. 산토끼와 발맞추며 자랐다는 표현이 과장이 아닐 만큼 오지 시골이었다. 아버님이 돌아가셨을 때 문상을 가는 데 꼬박 하루가 걸렸다. 버스는 하루 몇 번 운행하지 않았고, 비포장도로를 따라 덜컹거리며 달리던 산속 길은 난생 처음 가보는 험지였다. 한겨울 마당 한쪽에 천막을

연화마을 입구

치고 가운데엔 연탄을 산처럼 쌓아놓고 살을 에는 추위와 싸우며 상가를 지켰던 모습은 친구를 생각하면 항상 떠오르는 잔상으로 남아 있다.

그 친구는 시골에서 고등학교를 마치고 어렵게 전주로 유학을 와서 대학을 다녔다. 장학금을 받지 못하면 학비를 감당할 수 없을 정도였지만, 그는 늘 웃음을 잃지 않았다. 가끔 그의 자취방에 놀러 가면 찬바람이 스며드는 방에서 라면을 끓여 먹곤 했다. 한 번은 친구와 목욕하는 이야기를 나눈 적이 있다. 겨울에도 목욕탕 갈 돈이 없어서 씻기 전에 팔굽혀펴기를 백 번쯤 하여 몸을 달군 다음 그 온기로 빠르게 목욕을 한다고 하였다. 그 친구와는 대학을 졸업한 뒤 같은 직장에 함께 입사했고 퇴직까지 같은 길을 걸었다. 전생의 인연이 아니면 이렇게 긴 세월을 함께 할 수 없었을 것이다.

친구와의 추억을 뒤로 하고 연화마을을 출발해 건지산으로 들어섰다. 길 초입에는 '연화마을 둘레길 입구'라 새겨진 나무 표지판이 있다. 그 아래로 작은 오솔길이 열리고 흙길이 산속으로 이어진다. 안으로 들어서면 도시의 소음은 멀어지고 새소리와 바람소리

건지산

만 귓가에 남는다. 아직 아침 이슬이 마르지 않아 흙은 촉촉하고 발밑에서는 풀잎이 부드럽게 부서진다. 나무 사이로 스며드는 햇살이 따스하게 몸을 감싼다. 숲의 향기와 흙내음이 코로 전해지면 심신이 맑아지는 것 같아 기분이 좋아진다. 완만한 길을 따라 걷다 보면 나무 사이로 보이는 하얀 비닐하우스와 논밭, 그리고 여기저기 과수원이 펼쳐져 있다. 산은 도시를 감싸안듯 부드럽고 사람들은 그 안에서 각자의 리듬으로 살아간다. 둘레길을 걷는다는 건 결국 그 리듬에 나를 맞추는 일이다. 조금 더 오르면 도심 속 숨은 연못, 오송제가 모습을 드러낸다.

잔잔한 물 위로 나뭇가지 그림자가 출렁이며, 바람이 스칠 때마다 반짝이는 물결이 햇빛을 흩날리게 한다. 연못 가장자리엔 이름 모를 들꽃들이 피어나 있고, 물을 마시러 왔다가 사라진 동물의 발자국이 선명하다. 오송제는 계절마다 다른 얼굴을 한다. 봄엔 꽃잎이 떠 있고, 여름엔 연잎이 물 위를 덮는다. 가을엔 낙엽이 떨어져 수면 위에 금빛을 그리고, 겨울엔 얼음 밑으로 물고기 그림자가 느릿하게 지나간다.

오송제를 지나 정상으로 향하는 길은 제법 가파르다. 나무 사이로 비치는 전주의 풍경이 그 피로를 잊게 한다. 정상에 오르면 남쪽으로는 전주천과 모악산 능선이, 북쪽으로는 에코시티의 전경이 한눈에 들어온다. 정상에서 내려다보이는 전주는 회색 빌딩 사이에도 나무가 있고, 그 사이를 따라 흐르는 천이 있다. 건지산은 그 모든 자연의 근원이 되어주는 듯하다.

정상에서 내려오면 숲속 도서관이 나온다. 나무향이 가득한 공간에 들어서면 세상과의 거리가 멀어진다. 누군가는 책을 읽고, 누군가는 창가에 기대어 사색에 잠긴다. 자연 속에서 책과 함께 온전히 자신의 시간을 갖게 된다.

조경단으로 내려가는 길은 또 다른 세계로 통하는 길을 걷는 것 같다. 산세를 따라 완만하게 이어지는 길 위로 솔잎이 푹신하게 쌓여 발소리가 부드럽다. 조경단의 돌비와 정자는 오래된 시간의 냄새를 품고 있다. 조선의 역사가, 민초들의 삶이, 그리고 그들의 염원이 이곳에 깃들어 있는 듯하다. 잠시 걸음을 멈추고 정자에 앉으면, 나뭇잎 사이로 스며드는 빛이 바닥에 물결처럼 일렁인다. 이곳에서 들리는 바람소리는 그 어떤 음악보다 고요하고 깊다.

조경단을 지나 전주동물원에 이르면 일상으로 돌아온 듯 풍경이 달라진다. 어느 유치원에서 현장학습을 온 듯한 아이들의 웃음소리가 동물원을 가득 채운다. 아이들은 처음 본 동물들이 신기한 듯

조경단

동물원 입구

인사도 나누고 먹이도 주며 바쁘게 뛰어다닌다.

아이들이 어릴 때 가족과 함께 도시락을 들고 이곳으로 소풍을 왔던 날들이 떠오른다. 벚꽃이 흐드러지던 봄날에 돗자리를 펴고 앉아 꽃비를 맞으며 김밥과 간식을 먹었다. 아이들은 잘 관리된 잔디 위를 마음껏 뛰어다니고, 우리 부부는 일상에서 벗어나 모처럼 여유로운 시간을 보냈었다. 도심 속 쉼터와 같은 이곳에서 한숨 쉬어가던 평화로운 시간들이 아직도 기억에 선하다.

이제 아이들은 성장하여 각자의 길로 떠나고, 우리 부부만 이곳을 찾곤 한다. 세월이 흘러도 건지산은 변함없이 전주를 품고 계절을 순환하며 도시의 숨결을 정화하고 있다. 편리함에 밀려 길이 넓어지고 인공 시설이 많아질수록 숲의 고요함과 자연미가 줄어들어 조금 걱정스럽다. 조금 느리고 불편해도 있는 그대로의 모습을 잃어버리지 않기를 바란다. 사람들이 잠시 들러 사진 몇 장 찍는 공간이 아니라, 천천히 걸으며 자신을 돌아볼 수 있는 '쉼의 산'으로 남기를 바란다. 오송제의 물빛이 여전히 맑고, 조경단의 바람이 옛 정취를 간직하며, 숲속 도서관의 나무 냄새가 사라지지 않기를 바란다.

언젠가 함께 찾을 손주들에게도 지금 이대로의 건지산을 보여주고 싶다. 개발이라는 이름으로 건지산이 훼손되지 않기를 바라는 마음이다. 건지산은 오늘도 묵묵히 전주를 품고 사람들의 숨결을 품는다. 앞으로도 오래도록 전주의 허파로서 우리 곁에서 살아 숨쉬기를 바란다.

· chapter 1 ·

송재영의 설레는 전주 이야기

내일

Tomorrow

내가 그리는
전주의 미래

중앙동에서 출판과 영화가 하나되다

환경보호의 최전선, 상림동을 가다

도시재생의 상징, 노송동

혁신도시를 시민의 눈으로

전주의 관문, 여의동을 그려본다

중앙동에서 출판과 영화가 하나되다

출판사에 들어서는 발길이 설렌다. 첫 출간을 할 때는 출판사가 서울에 있어서 교열작가나 디자이너를 직접 마주하지 못하고 메일로 소통했다. 전문 작가들이 출판과정에서 협업을 해주니 진짜 작가가 된 것 같은 착각에 빠져 즐겁게 작업을 했었다. 조금 아쉬웠던 점은 직접 대면을 못하여 출판과정이나 출판사의 모습은 엿볼 수 없었다는 점이다. 두 번째 출판은 전주에 있는 역사가 오래된 S 출판사와 계약을 체결하고 진행했다. 처음 편집장님을 만나 대략적인 출판 협의를 하고, 이번에 대표님을 만나 정식으로 계약서를 작성하였다. 예전에는 출판사에 대해 별로 관심이 없었다. 글을 쓰기 시작하면서 출판의 소중함을 알게 되었다. 글은 책으로 출간되

강의 모습

수강생 출판 도서 전시

는 것을 전제로 하기에 최종적인 결과물을 만드는 출판사와의 마지막 작업은 작가로서 설레면서도 매우 중요한 과정이다. 출판이 되지 않으면 폴더 속에 잠들어 있는 파일에 불과하고, 아무리 심혈을 기울여 쓴 글이라도 작가의 의도와 다르게 제작이 되면 두고두고 아쉬움이 남아 있게 된다. 그래서 좋은 출판사를 만나는 것은 작가로서 큰 행운이자 기회이다.

종이책이 없어질지도 모른다는 우려가 많다. 실제 요즘 MZ 세대는 종이책보다 전자책을 더 선호하고, 활자보다는 영상을 더 좋아한다. 출판산업이 점점 어려워지고 퇴보할 수밖에 없는 이유이다. 그럼에도 종이책이 주는 매력을 무시할 수 없다. 첫 출간이 되어 배송된 책을 마주하였을 때의 감흥은 결코 잊을 수가 없다. 책을 처음 만졌을 때 손끝에 전해오는 따스한 온기는 막 구워진 따끈따끈한 빵을 집어 들었을 때의 촉감과 같은 느낌을 받았었다. 책을 들고 어머니에게 달려가 드렸을 때 깜짝 놀라워하시던 모습, 단숨에 책을 읽고 가족의 소중한 추억을 기록해줘서 고맙다고 칭찬해주시던 모습, 출판기념회에서 단상에 모셔 책 전달식을 가졌을 때 눈물 글썽이던 모습들은 종이책이 아니었으면 느껴보지 못할 행복이었다.

3년 정도 글쓰기 강사로 활동하고 있다. 해가 지나면서 글쓰기에 대한 시민들의 관심이 높아지고 있다. 다른 작가들의 책을 읽는 것에서 자신의 이야기를 써서 책으로 출간해 보고 싶은 열정으로 변화하고 있는 것이다. 전주에서 열리는 독서대전이 8년이 되어 간다. 해를 더 할수록 지역 시민들의 참여가 많아지고 다른 지역에서도 책을 사랑하는 사람들의 관심이 높아지고 있다. 이러한 독서 열풍에 힘입어 전주시립도서관에 등록된 독서동아리가 450여 개 정도나 된다. 그에 비해 글쓰기 동아리는 아직 활동이 미비하지만, 시민들의 관심도를 보면 앞으로 큰 변화가 있을 것으로 기대되는 영역이다.

이제 출판산업에 대한 준비를 미리 하여야 한다. 전주에는 전국에서 관광을 올 정도로 잘 조성된 도서관들이 있다. 매년 독서인들의 축제인 독서대전도 열리고 있다. 마지막 퍼즐인 출판산업을 부흥시켜야 한다. 출판문화산업을 지원하기 위해 설립된 문화체육관광부 산하 공공기관인 한국출판문화산업진흥원이 혁신도시에 있으므로 전주시가 적극적으로 협업을 하여 출판산업을 선점해 가면 좋겠다.

결혼하고 처음 영화관을 찾았을 때의 일이다. 아내는 그때의 나

JEONJU
intl.film festival
BLACK YAK

Films
Posters
일방통행
주정차금지

26

영화의 거리 전경

의 행동에 대해 지금도 이해할 수 없다고 가끔 말하곤 한다. 영화가 시작되고 얼마 되지 않았는데 어디선가 코 고는 소리가 나더라는 것이다. 그래서 어디서 나는 소리인지 앞, 뒷좌석에 귀를 기울여봐도 사방이 깜깜하여 알 수 없었다고 한다. 그래서 남편의 도움을 받기 위해 쳐다보는 순간, 고개를 젖히고 입을 벌리며 코를 고는 모습을 보고 기절할 뻔했다고 한다. 그 소리의 주인공이 바로 남편이었던 것이다. 하도 어이가 없어서 깨울 생각도 못하고 혼자 영화를 보고 나왔다고 했다. 지금도 영화 이야기만 나오면 고장 난 레코드처럼 반복하여 놀려대곤 한다.

영화보다는 다큐에 관심이 많아 영화는 자주 보러 가지 않았다. 아내의 성화에 영화관에 가긴 하였지만 흥미를 느끼지도 못하고 피곤함까지 겹쳐 잠깐 잠이 들었던 모양이다. 물론 영화를 완전히 멀리한 것은 아니고 가끔 보기는 하였는데, 영화 한 편을 꼽으라면 '그 여자 작사 그 남자 작곡'이다. 뻔한 스토리의 연예 이야기이지만 공포나 폭력, SF 영화보다는 멜로 영화를 좋아한다. 달달한 남녀의 사랑 이야기를 보면 대체로 아름답고 진행도 편안하여 마음이 따뜻해지는 느낌이 든다. 그 다음으로 재미있게 본 영화는 '반지의 제왕'과 '해리포터'이다. 시리즈로 상영되어 다음 작품의 개봉을 기다릴 정도로 흥미롭게 봤다.

전주에는 3대 영화제 중 하나인 전주국제영화제가 있다. 벌써 26회이니 청장년이 된 셈이다. 전주국제영화제는 대안, 독립영화의 중심 영화제로 동시대 영화 예술의 대안적 흐름, 독립, 예술영화의 최전선에 놓인 작품들을 소개하고 있다. 올해도 영화를 사랑하는 많은 관객들이 찾아 성황을 이루고 막을 내렸다. 오랜 세월 영화계에 많은 성과를 내고 있음에도 이렇게 훌륭한 영화제가 행사로만 끝나지 않았으면 하는 바람이다. 할리우드와 같은 영화의 본고장까지는 아니어도 영화제가 영화산업뿐 아니라 영상산업으로 이어져 전주가 영상문화의 메카가 되면 좋겠다.

활자 인쇄는 지식과 교육을 통한 인류 문명 발전에 혁명적인 사건이었다. 출판을 통해 지식 르네상스를 꽃피울 수 있게 된 것이다. 현대는 활자보다 영상에 익숙한 시대가 되어 가고 있고, 영상이 의사전달의 주류를 이루고 있다. 글이 영상으로 변화하는 시대에 살고 있다. 그럼에도 글의 중요성을 무시할 수 없다. 영상이 아무리 대세여도 시작은 글자임을 부인할 수 없기 때문이다. 이제 출판과 영화를 둘이 아닌 하나의 융복합적 관점으로 접근하여 현대문화를 관통하는 줄기로 성장하길 바라본다.

환경 보호의 최전선, 상림동을 가다

"아니, 그렇게 하면 안 되는데. 요일을 보고 버려야지." 그린 조끼를 입은 할머니 한 분이 쫓아와 냅다 소리를 지른다. 깜짝 놀라기도 하고 어리둥절해서 쓰레기 담은 봉투를 든 채 멍하니 서 있었다. 할머니로부터 한참 동안 쓰레기 분리수거에 대한 훈계를 들어야 했다. 제주 전입 신고식을 호되게 치렀다.

제주도에서 생활하면서 처음 느낀 건 어디를 가도 깨끗하다는 것이다. 한적한 시골 동네뿐만 아니라 도시 골목들도 정말 깨끗하다. 시골은 마을 입구마다 재활용센터 사무실이 있어 상시 인원이 배치되어 있다. 마을 사람들은 요일별로 해당하는 쓰레기를 센터에 직

제주도클린하우스

접 가져와서 버려야 한다. 요일별 배출이 아주 철저해서 요일에 해당하는 쓰레기만 버릴 수 있고 아무 때나 버릴 수가 없다. 도심은 수거장이 동네 곳곳에 설치되어 있다. 평소에는 닫혀 있다가 오후 3시부터 새벽 4시까지 개문이 되어 그 시간대에만 요일에 맞는 쓰레기를 버릴 수 있다. 연세가 지긋하신 할머니들이 수거장을 맡아 관리하면서 분리수거 상태를 확인하고 수시로 청소도 하고 있다.

문제는 음식물 쓰레기를 처리하는 것이었다. 전주에 살 때만 해도 음식물처리는 아내의 몫이었기도 하고, 간혹 내가 처리할 때도 음식물 용기를 문밖에 내놓기만 하면 수거업체에서 가져가기 때문

제주도 재활용도움센터

에 크게 어려움이 없었다. 제주에 살면서 음식물처리는 당연 내 몫이 되었다. 제주에서는 수거업체가 가가호호 방문하는 것이 아니라 동네 곳곳에 설치되어 있는 분리 수거장에 음식물 수거통도 같이 배치되어 있어 주민들이 직접 버려야 한다.

음식물 쓰레기는 배출하는 요일이 별도로 지정되어 있지는 않으나 잠금장치가 되어 있어 충전 카드를 구입하여 버려야 한다. 사용법을 잘 몰라 편의점 직원에게 몇 차례 물어보면서 점점 익숙해질 수 있었다. 처음에는 무척 불편하고 짜증도 났으나 시간이 지나면서 적응이 되니 더 편리하고 나름 환경 보호를 위해 뭔가 하는 것 같아 뿌듯하기까지 하였다. 나중에 안 사실이지만 제주도는 섬이어서 쓰레기 처리가 무척 힘들고 비용도 많이 든다고 한다. 그래서 주민들도 환경정책에 적극적으로 참여하고, 쓰레기 분리수거도 잘 실천하고 있다고 했다.

퇴직을 하고 주민예산참여위원장으로 활동하면서 쓰레기 분리수거에 대한 안건을 제출했었다. 제주에서의 경험을 토대로 시내지역은 통별로 쓰레기 분리수거 구역을 설치하고, 시외지역은 마을 입구에 쓰레기 분리수거장을 건립하여 각 전담 관리인을 지정하여 관리하는 방안을 마련하였다. 관리인은 노인일자리사업의 예산과 인력을 활용하여 해결하는 것으로 접근하였다.

처음부터 전주시 전체에 시행하기에는 막대한 예산과 인원이 소요되어 일단 중인동에 시범 사업을 해보는 안을 제안하였다. 담당 공무원이 현장에 나와 함께 타당성 검토를 하였으나 설치장소의 선정에 대해 주민들의 민원이 예상된다며 소극적인 자세를 보였다. 그 후 이런저런 안 되는 이유만 찾아 나를 설득하려 하였다. 결국 사업 추진은 시도조차 하지 못하고 그만두어야 했다.

최근에는 아주 놀라운 말을 들었다. 주민들이 분리 배출한 쓰레기가 소각장에 들어오면 한 곳에 뒤섞어 직원들이 새로 분리를 한다는 것이다. 그래서 분리수거를 하는 것 자체가 별 의미가 없다는 것이다. 그 원인은 쓰레기 분리수거가 철저하지 못한 부분도 있고, 요일을 지정하여 배출하지 않으므로 수거 과정에서 분리 수거된 쓰레기들이 한 번에 수거되어 섞이면서 분리수거의 의미가 없어지게 된다는 것이다. 분리수거에 진심인 사람들이 들으면 허탈감에 빠져 분노할 소리였다.

처음 상림동 일대를 쓰레기 매립과 소각장으로 선정하는 과정에서 주민들과의 갈등, 보상금 및 대상 마을 문제, 주민의 관리 참여 범위 등 많은 민원이 있었는데, 업무와 관련이 있어 진행 과정에 대해 조금 알 기회가 있었다. 지금도 쓰레기 반입에 대해 거주 주민들과의 마찰이 종종 매스컴에 나오곤 한다. 그럴 때마다 시민들은 굳이 개입하고 싶지 않은 마음으로 외면하며 나 몰라라 하는 것은 아닌지 반성해 본다. 쓰레기는 해마다 엄청난 양이 늘어나고 있고, 향후 지구를 덮어버릴지도 모른다는 위기감이 팽팽하다.

문제 해결 방안이 없는 것도 아니다. 가장 중요한 것은 시민 의식이다. 싱가포르의 예를 보면 거리에 담배꽁초 하나만 버려도 많은 금액의 벌금을 내야 한다고 한다. 그래서 도심의 거리가 매우 깨끗하다고 알려져 있다. 지금 당장 비용이 많이 들고 힘들다고 환경 보

쓰레기 처리장

전주권 소각자원센터

호를 외면한다면 앞으로 더 많은 비용을 부담하여야 한다. 한번 훼손된 환경은 다시 회복할 수 없게 되는 큰 재앙으로 돌아올 것이다. 쓰레기가 생성되어 처리하는 방안을 연구할 것이 아니라 쓰레기를 생성하지 않을 방안을 마련해야 한다. 그다음에는 생성된 쓰레기를 잘 분리하여 재활용하거나 재생할 수 있는 쓰레기를 활용하여 폐기나 소각하는 쓰레기를 최소화하여야 한다. 환경을 지키는 것은 너와 나도 없고, 지역도 없고, 국가도 없는 우리 모두의 일이다.

어려서부터 철저한 교육을 통해 환경에 대한 인식 전환의 필요도 있다. 상림동에 환경 보호 학습장을 설치하여 유치원 때부터 의무적으로 환경교육을 수료하도록 하여야 한다. 어른이 되어서도 환경에 대한 체험 활동 등을 통해 환경 보호를 몸에 체득하도록 하여야 한다. 청렴교육, 인권교육, 성교육만큼이나 환경교육도 중요하다. 모든 기관에는 매년 환경교육을 일정 시간 이상 이수하도록 법적 의무화를 추진해야 한다.

교육이 체계화된 후에는 쓰레기를 버리는 행위, 분리수거를 하지 않는 행위, 일회용품을 사용하는 행위에 대한 규제를 엄격히 할 필요가 있다. 생산된 물품에 대해서는 리싸이클을 통해 폐기량과 소각량을 줄여나가야 한다. 이런 행동은 어려서부터 몸에 익히도록 교육을 체계화하여야 한다.

상림동 일대에는 전주권 소각자원센터, 전주리싸이클링타운, 전주권 광역폐기물매립장 등 전주지역 공공 생활폐기물 처리시설이 있어 환경교육을 하기에 최적의 장소이다. 선진국 견학을 통해 환경교육을 체계화하여 전국에서 교육을 받으러 오도록 해보자. 타지의 쓰레기처리시설 운영시스템을 벤치마킹하여 대한민국에서 가장 깨끗한 도시를 만들어 보자.

환경 보호의 최전선, 상림동에서 청정 도시 전주를 그려본다.

도시재생의 상징, 노송동

'딱' 하는 소리와 함께 하얀 공이 허공을 가르고 운동복을 입은 선수들이 각자의 포지션에서 재빠르게 움직인다. 교정 한편에 앉아 야구부 학생들의 활기찬 모습을 보고 있으니 까까머리에 교복을 입고 운동장을 뛰놀던 풋풋했던 학창 시절로 시간 여행을 떠나게 된다. 학창 시절 힘든 시간 속에서도 전국대회가 열리면 설레는 마음으로 하나가 되어 응원하며 잠시나마 지친 마음을 쉬게 해준 게 바로 야구였다. 봉황대기 고교야구대회를 응원하기 위해 학교에서 관광버스를 대절하여 동대문구장을 찾았었다. 시골 촌놈이 처음 서울에 상경하여 높은 빌딩에 놀라기도 하고, 오가는 버스 속에서 친구들과 수다를 떨며 즐거웠던 순간은 고교시절 추억의 백

미로 남아 있다. 작년엔 청룡기, 봉황대기에 이어 전국체전까지 우승을 하면서 명실상부한 최고의 야구부가 되었다. 지역 주민들도 KCC 농구단의 연고지 이전으로 의기소침해진 마음을 조금이나마 위로받으며 자긍심을 높일 수 있는 한 해가 되기도 하였다. 침체되어 있던 야구부가 다시금 예전 야구 명문고의 명성을 되찾을 수 있었던 것은 훌륭한 감독과 좋은 선수도 중요하였지만, 무엇보다도 시민들의 전폭적인 지지와 열렬한 응원이 있었기 때문이 아닌가 생각한다.

J고등학교 배정을 받고 부모님이 좋아하시던 모습이 지금도 생생하게 남아 있다. 입학도 하기 전에 교복을 맞춰 입혀 고향 어른들에게 자랑하시며 그토록 환하게 웃던 아버지의 얼굴은 그때 처음 보았던 것 같다. 힘든 생활에서도 자식들을 위해 일생을 쏟아붓는 부모님을 보며 항상 가슴 한편이 아프고 죄스러웠다. 학생의 처지에 뭐 하나 해 드릴 수 없는 상황에서 고등학교 진학은 부모님의 힘듦을 조금이나마 덜어 드린 것 같아 뿌듯했다. 비록 입시제도가 바뀌어 속칭 뺑뺑이인 평준화의 수혜를 입은 것이지만 그래도 잠시라도 효도를 한 것 같아 정말 기뻤었다.

기쁨도 잠시, 고등학교 3년은 힘들고 고단했다. 입학을 하자마

J고등학교 야구장 전경

자 야간학습을 하며 달을 보고 등교를 해서 별을 보고 하교를 하는 날의 연속이었다. 학교를 마치고 늦은 귀가를 하며 이상한 광경을 보게 되었다. 학교 근처 상가에 이상한 불빛의 유리문 사이로 야한 차림의 여성들이 많이 서 있었다. 어린 나이에 처음에는 잘 모르다가 시간이 지나면서 성매매업소가 밀집한 선미촌이 형성되어 있다는 사실을 알게 되었다. 한창 호기심 많은 나이에 우리들의 관심은 높아갔고, 이런저런 소문으로 많은 화제를 낳기도 하였다. 지금도 동창회에 가면 당시 일들을 후일담 삼아 자랑하며 깔깔대는 친구들의 모습이 고등학생 시절 철없던 모습 그대로여서 정겹다.

예전엔 기차역 주변으로 성매매업소가 집결하여 있던 시절이라 전주역 주위로 선미촌이 있었던 것이다. 전라선이 외곽으로 이설되어 전주역이 이전하면서 그 자리에 지금의 전주시청이 신축되었다. 그 후 성매매집결지에 도시재생사업이 추진되면서 업소들은 모두 사라지고 성매매여성 인권 보호와 문화예술 등의 복합 거점 공간이 조성되기 시작했다. 시간이 지나면서 경제적 논리와 지속적 투자의 어려움으로 사업이 중단되고 예술가와 시민들이 떠나면서 빈집이 많아지고 지역이 황폐화되어 가고 있어 안타깝다.

선미촌 문화재생사업 1차 목표인 성매매업소의 퇴출이 어렵게 마무리되었으나, 이제 어떻게 활성화할 것인가에 대한 고민이 남아 있다. 도시재생은 단순하게 자금만 투자하거나 외부인을 유치하는 것만으로는 성공할 수 없다. 팔복동의 사례를 보면 알 수 있다. 많은 자금이 투자되어 반짝 인기는 끌었지만 오래지 않아 폐쇄되었다. 단순히 카페나 식당만으로는 사람을 유치하는 데 한계가 있다는 것을 보여준 예이다. 운영자들도 지속적인 발전을 위한 투자나

전주시청

노송동 도시재생구역

관리보다는 지원금에만 의지하고 반짝 수익을 내고 떠나려는 생각이 앞서면 실패할 수밖에 없다. 사업을 추진하면서 공간을 정비하고 조성할 때는 무엇을 담을지에 대한 콘텐츠의 고민이 중요하다.

도시재생이 성공하기 위해서는 다양한 사람들의 적극적인 참여와 심도 있는 토론이 필요하다. 한번 쇠락한 도시를 다시 살린다는 것은 결코 쉬운 일이 아니다. 하물며 인구도 줄고, 하드웨어적인 발전보다는 소프트웨어적인 성장이 요구되는 현실에서 외형적인 구색만으로는 재생을 이루기 어렵다. 시민들이 스스로 찾아오게 하여야만 도시가 재생될 수 있는 것이다.

노송동은 대표적인 구도심이다. 노송동에서 도시재생사업의 첫 삽을 떴으니 잘 추진하여 도시재생의 대표적인 모델로 만들어 가면 좋겠다. 구도심을 활성화하는 작업 없이는 도시가 발전하기 어렵다. 신도시 개발을 통한 도시 성장은 근시적으론 도시가 발전하는 것처럼 보일 수 있으나, 결국 풍선효과로 도시가 쇠퇴화하는 결과에 이를 가능성이 높다. 개발과 함께 재생이 병행되어 구도심과 신도시이 하나가 될 수 있는 도시 발전이 필요하다. 외국이나 국내의 성공 사례를 보면 단순히 기존 공간을 현대화하는 것에서 그치는 것이 아니라 환경과 문화, 예술을 고려한 지속 가능한 경제 모델을 만든 것이 특징이다. 단순한 개발이 아니라 새로운 가치를 창출하는 과정이 필요한 것이다.

노송동은 어떻게 접근하면 좋을까? 옛 철도의 향수와 미래의 첨단기술을 융합한 새로운 도시재생의 모델이 필요하다. 시청에서부터 한옥마을까지 인공지능을 이용한 무인 버스나 스마트 전철을 운행해 보면 어떨까? 전주·완주의 통합으로 전주시청이 이전하게 되면 시청 건물을 전주의 과거와 미래를 담아낼 수 있는 도시재생의 거점으로 활용해 보자. 거기에 더해 미래의 어젠다이기도 하고 노송동의 좋은 가치인 기부문화를 도시재생에 접목하자.

금전적인 기부도 좋고, 재능 기부도 좋고 가능한 많은 주민들이 참여하여 만들어 낸 도시재생의 결과는 생각만 해도 좋다. 행정 주도적인 사업은 한계가 있다. 물론 행정에서 불쏘시개 역할을 할 수는 있지만, 완성과 유지는 결국 시민의 몫이다. 그래야 지속적이고 진정성 있는 도시재생이 될 수 있다. 창업, 취업, 시설과 같이 통계를 위한 성과 위주의 요식행위가 아닌 사람에 투자하여 가치와 콘텐츠를 개발할 수 있도록 지원하면 좋겠다.

물론 쉬운 일은 아니다. 그러나 서울 청계천 복원사업을 보면서 우리는 많은 것을 배웠다. 상상하기도 어려운 창의력으로 서울에 오는 사람이라면 누구나 찾는 세계적인 명소가 되었다. 꿈꾸고 상상해야 변화할 수 있다. 불가능하다고만 생각하고 시도해보지 않으면 아무것도 이룰 수 없다. 옛 철길을 달리던 기차 대신 무인 버스를 타고 아름답고 스마트한 전주를 달리는 상상에 벌써 설렌다.

혁신도시를 수사관이 아닌 시민의 눈으로 보다

검사가 되었다. 퇴직을 3년 앞두고 어린 시절 꿈이었던 법률가로서의 검사 업무를 수행하게 된 것이다. 대학시절 변호사를 꿈꾸며 사법고시에 도전하였으나 실패하고 꿈을 접었다. 그 후 법률가인 변호사에서 수사관인 검찰직으로 전환을 하였다. 서울중앙지방검찰청에서 임명장을 받으며 최고의 수사관이 되리라는 다짐과 함께 수사관의 꽃이라 할 수 있는 수사과장이 되고 싶다는 막연한 목표가 생겼다. 어른들의 말처럼 그때 고생했던 일들을 책으로 쓰면 몇 권이 될 거라고 할 만큼 열심히 근무했다. 부정부패사범 단속 유공으로 국무총리 표창을 받고 특별수사로 특승도 하고 수사과장 직

혁신도시 입구

위까지 올랐으니 수사관으로서 최선을 다했다고 자부하고 싶다.

법원에 사법보좌관 제도가 있듯이 검찰청에는 검사직무대리 제도가 있다. 일정 자격을 갖춘 수사관을 선발하여 연수과정을 거쳐 검사직무대리로 임명하여 검사의 직무를 수행하도록 하는 제도이다. 물론 검사가 담당하는 모든 사건을 처리하는 것은 아니고, 경미한 사건이나 약식 사건을 전담하도록 하여 신속하고 효율적으로 사건을 처리하기 위해 시행되었다. 검찰수사서기관으로 승진을 하여 법무연수원에서 4주의 교육과정을 거쳐 검사직무대리로 발령

전주지방검찰청

을 받았다. 덕진동 시대를 마감하고 혁신도시 만성동으로 이전을 한 전주지방검찰청에서 첫 검사직무대리 근무를 시작하였다. 처음 하는 업무이기도 하고 한 달에 300여 건을 처리하여야 하는 업무 과중으로 주말도 반납하며 초임 시절처럼 열심히 했다. 매주 배당되어 오는 사건에 지치고 힘들었지만 검사의 어려움을 이해하는 시간이기도 했다. 수사관 시절에는 발생한 범죄에 대해 범인을 밝히고 증거를 수집하여 검사에게 송치하면 된다. 검사는 기록을 검토하여 혐의가 인정되면 기소를 하여 판사로부터 유죄를 선고받아야 하므로 범인이 맞는지, 증거에는 흠결이 없고 충분한지, 무슨 법률을 적용하여야 하는지 등등 검토하고 결정해야 할 일이 한두 가지가 아니었다. 사람이 사람을 단죄한다는 것은 많은 고뇌가 요구되었다.

혁신도시에는 기지제 수변공원이 있다. 결정 장애를 겪는 사건이 있으면 기지제를 찾았다.

"능력이 안되나 봐".

구내식당에서 저녁을 먹고 동료들과 기지제를 걸으며 운을 뗀다.

"아니 베테랑 선배가 그런 말씀을 하시면 저희는 어떻게 합니까?".

동료들도 동병상련의 마음이라 금방 알아채고 듣기 좋은 응원의 멘트를 해준다. 기지제를 한 바퀴 돌고 다시 청사로 돌아올 쯤이면 난마 같던 사건도 어느 정도 정리되어 머리가 한결 가벼워진다. 그럼에도 처리가 애매한 사건은 부장검사의 노란 포스트잇이 붙은 반려로 명쾌하게 정리되곤 하였다. 모든 일이 그렇듯 한 사건이 실체적 진실을 찾아가기 위해서는 많은 사람들의 노력과 고민, 시간, 열정이 필요했다. 31년의 수사관 시절이 혁신도시에서 마무리되었다.

기지제

기지제 야경

수사관의 옷을 벗고 주민자치위원과 주민참여예산위원으로 지역을 보게 되었다. 몇 년을 다니면서도 보이지 않던 혁신도시의 새로운 모습이 보이기 시작했다. 전북혁신도시는 전주시 혁신동과 완주군 이서면 일대에 조성되었으며, 농축산업 관련 정부기관인 농촌진흥청, 국립농업과학원, 국립식량과학원, 국립축산과학원, 국립원예특작과학원, 국립한국농수산대학교가 있다. 최근 새 정부 출범과 함께 제2차 수도권 공공기관 지방 이전이 화두로 떠오르면서 이전 대상기관, 이전부지 등이 어떻게 결정될 것인지 이슈화되고 있다. 도내 시. 군 간에도 유치를 위한 경쟁이 심화되면서 벌써 내홍을 겪고 있는 양상이다. 전라북도에서는 오래전부터 유치지원단을 구성하여 활동을 하고 있으나, 이렇다 할 구체적인 계획이나 성과가 없는 상태로 보인다.

공공기관은 오는 것도 중요하지만 어떻게 지역에 안착하여 지역과 융화되고 지역민과 함께 할 수 있게 하느냐가 관건이다. 공공기관과 지역이 하나가 되기 위해서는 일시적인 행사나 보여주기식 개방만으로는 안된다. 우리 지역은 전통적으로 농업기반 지역이다. 기업 유치를 위해 노력하는 것에 더해, 어렵게 유치한 농축산업 관련 공공기관을 잘 활용하는 데 더 많은 투자와 노력을 하면 좋겠다. 수시로 찾아가 기관과 지역이 협업하여 공공기관의 우수한 인력과 기술, 공간을 어떻게 지역 산업에 접목할 것인지 구체적인 논의가 필요하다. 서울이나 외국에 공무원을 파견하는 것도 좋지만, 우리 곁에 있는 공공기관에도 기관 내 전담 직원을 파견하여 공공기관과 지역이 하나 될 수 있도록 가교역할을 하도록 하여야 한다. 공공기관과 MOU를 체결하여 지역민이 공공기관으로부터 지원받을 수 있는 영역을 확대하고, 지역민이 쉽게 공공기관에 접근할 수 있고, 기관 직원들이 지역으로 나와 지역민들과 함께 소통하며 하나 되는 환경을 마련하여야 한다. 지역 대학 농과대학들과 국립한국농수산대학이 교류하며 수시로 세미나를 개최하여 농업 지식을 공유하는 장이 마련되고, 농업에 관심 있는 학생들이 창업을 할 수 있도록 공공기관과 연계하여 지원해 주는 시스템이 마련되면 좋겠다.

이에 더해 2차 공공기관 이전에 맞춰 도와 시. 군의 지자체가 합심하여 우리 지역에 필요한 기관이 무엇인지 논의하고, 이를 유치하기 위한 구체적인 로드맵을 마련해야 한다. 기존에 이전해 있는 공공기관과 연계하여 어느 기관이 오는 것이 협업을 통한 시너지 극대화에 도움이 되는지에 대한 치열한 논의도 필요하다. 또한 기존의 공공기관에 요청하여 새로운 기관 유치에 함께하는 방안을 마련하는 것도 좋을 것 같다. 공공기관 이전은 단순히 몇 개를 더 유치하느냐가 중요한 것이 아니다. 우리 지역이 나아가려는 방향과 부합되는 기관을 유치하여 향후 전북의 먹거리에 대한 새로운 인프라를 만들어 낼 수 있도록 하기 위한 고민이 필요한 것이다.

모든 것은 결국 사람이 만드는 것이다. 현재 혁신도시는 개발 당시에서 크게 변화하지 않고 오히려 쇠퇴하는 경향이 있다. 외딴섬과 같은 혁신도시에 누가 와서 정착하려고 할 것인가? 직원들이 혁신도시에 내려와서 정착하게 하기 위해서는 이주 혜택이나 정착 자금뿐만 아니라 아이를 키우기에 좋고 살기 좋은 곳이라는 인식을 갖도록 하는 게 중요하다. 혁신도시가 살기 좋은 도시로 성장하기 위해서는 도로, 항만, 공항과 같은 교통 인프라 외에 병원, 공원, 학교 등 사회 복지 및 환경 인프라도 필요하다. 지자체와 지역민이 마음을 다해 공공기관에 다가가려고 노력하고, 공공기관 직원들이 지역민과 한 가족이라는 느낌을 받도록 진심을 보여야 한다. 그러면 공공기관 직원들이 앞장서 지역에 대한 홍보도 하고 지역이 발전할 수 있도록 노력해 줄 것이다. 혁신도시를 상생의 공간으로 만들면 좋겠다.

전주의 관문,
여의동을 그려본다

31년 직장 생활을 하면서 고속버스와 기차는 중요한 교통수단이었다. 근무지가 한 곳에 한정되지 않고 전국을 다니다 보니 여러 지역에서 근무를 하였다. 첫 발령지인 서울을 비롯하여 인천, 강릉, 청주, 군산, 남원, 제주까지 많은 곳을 다녔다. 자주 이동을 하다 보니 가정생활이나 아이들 교육에 어려움이 많아 전주에 가정을 두고 그때그때 다른 지방으로 다니게 되면서 이동 수단은 매우 중요한 문제였다.

임용이 되어 서울에서 첫 직장 생활을 시작하면서 촌놈이 집을 떠나 혼자 사는 독립생활이 시작되었다. 서울은 처음 거주하는 곳이어서 주말이면 매주 전주에 내려왔었는데, 주로 고속버스나 기차를 타고 다니곤 하였다. 평상시에는 고속버스를 이용하다가도 설이나 추석인 명절이 되면 기차를 이용하였다.

당시에는 버스전용차로제가 없던 시절이라 버스를 타면 도로가 꽉 막혀 운행시간이 두 배는 기본이고 아침에 출발하면 저녁에야 집에 도착할 때가 다반사였다. 결혼 전에는 임시 입석이라도 구해 탈 수 있었으나 결혼을 하여 아이들이 생기면서 새벽부터 서울역에 줄을 서서 기차 좌석표를 구입하곤 하였다. 그렇게라도 기차표가 고향에 오는 가장 빠르고 좋은 선택이었다.

인천에 근무할 때는 기차가 닿지 않아 무조건 고속버스를 이용하였다. 집에 왔다가 다시 인천으로 올라갈 때는 월요일 첫차를 타곤 하였는데, 꼭두새벽에 누가 탈까 싶었던 인천행 고속버스는 항상 만석이었다. 많은 사람들이 타지에서 직장생활을 하는 모습을 보면서 힘들게 살아가는 서민들의 애환을 함께 느끼며 동병상련의 마음이었다. 강릉은 고속버스조차 없어서 유성을 경유하는 시외버스를 이용하였다.

2005년도까지만 하여도 주말에도 오전 근무를 하던 시절이라 강릉에서 토요일 오전까지 근무를 하고 5시간 동안 시외버스를 이

전주 시외 공용 버스터미널

용하여 집에 오면 저녁이 되었다. 하룻밤 자고 다음날 점심만 간단히 하고 오후 시외버스를 타고 대관령을 넘을 때쯤이면 해가 뉘엿뉘엿 지곤 하였다.

전주에서 강릉은 장장 400킬로미터의 거리를 호남고속도로, 경부고속도로, 중부고속도로, 영동고속도로를 거쳐야 갈 수 있는 위치에 있다. 보통은 버스를 타고 한숨 푹 자고 나면 도착을 하는데 자도 자도 끝도 없이 고속도로 위를 달리고 있고, 온몸이 쑤시고 머리가 지끈거리는 상태가 될 무렵이 되어서야 도착을 할 수 있는 먼 거리였다. 그래도 당시에는 아이들과 아내가 있는 집이 그리워 매주 집에 오곤 하였다.

제주도에 근무하면서 비행기를 이용하게 되었다. 발령을 받고 처음에는 군산공항 운항이 중단된 시기여서 몇 달 동안 광주공항을 이용하다가 다시 운항이 재개되면서 군산공항을 이용할 수 있었다. 운항 횟수는 적었지만 시간상이나 거리상으로 큰 도움이 되었다. 생활 범위나 신속성, 접근성 면에서 도내에 공항이 있고 없는 것이 그 지역에 얼마나 중요한 요소인지 몸소 체험할 수 있었다. 그때까지만 하여도 비행기를 탈 기회가 많지 않았는데, 제주에 있던 1년 5개월 동안 비행기로 이동을 하다 보니 비행기를 타는 일이 버스 정류장에 버스를 타러 가는 것처럼 느껴지곤 했다.

아내는 1~2주에 한 번씩 전주와 제주를 오가며 두 곳의 살림을 챙기느라 고생은 했으나 정말 새로운 경험이었다고 했다. 군산공항 앞 주차장에 자주 주차를 맡기다 보니 관리하시는 분이 아내를 큰 손쯤으로 생각하였는지 무슨 사업을 하기에 그리 제주도를 자주 다니냐고 물어보기까지 하였다고 한다.

객지 생활을 많이 하는 사람들에게는 교통망이 어떻게 형성되어 있는지, 교통수단은 잘 구비되어 있는지, 터미널이나 역의 위치는 접근성이 좋은지가 근무지를 선택하는데 매우 중요한 고려사항이다. 직장 생활을 할 때 전주는 교통이 불편하여 타지에서 발령을 받아 오는 기관장이나 직원들이 꺼려하는 지역이라는 말을 많이 듣곤 했다. 참여정부에 시행된 공공기관 이전사업으로 전주에도 혁신도시가 조성되어 농업 관련 기관과 공공기관이 이전되었다. 그때에도 기관들이 선호했던 지역은 수도권과의 접근성이었다.

앞으로 제2의 혁신도시 사업 추진이 예정되면서 다시금 이전 기관들에 관심이 높아지고 있다. 우리는 기관 유치를 위해 무엇을 준비하여야 하는지 고민해야 할 때이다. 타지에서 이곳에 오는 사람

호남제일문

들의 가장 큰 관심은 교통망이 잘 조성되어 있느냐 하는 것이다. 현재의 고속터미널이나 시외버스터미널은 시내에 위치하여 톨게이트에서 거리도 멀고 정체도 잦아 소요되는 시간이 많이 걸린다. 기차역의 경우 충청권이나 경상권에 비해 운행 횟수도 적고, 익산역에 비해 수도권으로부터 접근성이 현저하게 떨어진다. 전주는 전라도의 도청소재지이므로 처음부터 전라선과 호남선이 모두 경유할 수 있도록 선로가 설계되었어야 하는데 아쉬움이 많다.

몇 년 전 터미널 이전 계획이 있었다. 여러 이유로 이전이 되지 못하고 리모델링을 하는 선에서 정리가 되었다. 그러나 문제의 근본적인 해결책이 되지 못하고 다시금 터미널 이전에 대한 논의가 일고 있다.

이번엔 고속버스터미널과 시외버스터미널을 여의동 부근으로 이전하여 전주복합터미널을 조성하여야 한다. 전주역도 전주의 관문인 여의동 부근으로 이전을 하고, 전라선과 호남선의 분기점도 전주역까지 연장하는 획기적인 변화가 필요하다. 전주복합터미널과 전주역이 연계되어 전국으로 연결되는 교통망을 만들었으면 좋겠다. 대광법의 개정으로 전주시도 대도시권의 범위에 포함되어 교통망에 중요한 전환점이 될 수 있는 기회가 생겼다.

이번 기회에 지엽적인 접근보다는 큰 틀에서의 대변혁을 이룰 수 있는 계기가 되었으면 좋겠다. 전주가 전라도의 수도로서 명실상부한 광역교통의 중심이 되어 전국 어디에서든 접근이 편리한 도시로 거듭나기를 기대해 본다.

2 chapter

송재영의
우리동네 이야기

— AI를 도구로 삼아 작성한 글입니다.

모악산 정상을 도민의 품으로

— 닫힌 정상에서 열린 공공의 공간으로

전북의 하늘을 가장 먼저 맞이하는 산, 모악산.

평야 한가운데 우뚝 솟은 이 산은 전주와 김제, 완주를 품고 서서 수백 년 동안 도민의 삶을 내려다보아 왔다. 그러나 정작 그 정상은 오랫동안 도민의 발길을 허락하지 않았다. 철탑과 철책, 출입금지 표지판이 가로막은 정상은 '도민의 산'이 아닌 '닫힌 공간'으로 남아 있다. 이제 우리는 이 질문을 다시 던져야 한다. 모악산 정상은 누구의 것인가.

닫힌 정상의 역사, 반복된 약속과 미완의 과제

모악산 정상부에 방송·통신 송신시설이 설치된 것은 산업화와 함께 전파 인프라가 급속히 확장되던 시기였다. 당시에는 전북 전역을 커버할 수 있는 고지대 송신 거점이 필요했고, 모악산 정상은 기술적으로 가장 효율적인 선택지였다. 그러나 시대는 변했다. 전파 기술은 디지털화되었고, 송신 장비는 소형화·집약화되었으며, 도시는 더 이상 산 정상 하나에 의존하지 않아도 통신과 방송을 안정적으로 유지할 수 있는 단계에 이르렀다.

이러한 변화 속에서 2000년대 초반부터 모악산 정상 송신탑 이전 또는 철거 논의가 시작되었다. 2004년에는 송신시설 이전을 위한 대책회의가 열렸고, 2010년 전후로 시민사회와 지역 언론을 중심으로 '정상 회복' 요구가 다시 제기되었다. 그러나 결과는 늘 같았다. 막대한 이전 비용, 전파 커버리지에 대한 우려, 방송사·지자체·사찰 간 복잡한 이해관계가 논의를 가로막았고, 정상은 다시 침묵 속으로 돌아갔다.

문제는 그 이후다. 논의는 중단되었지만, 정상은 여전히 닫혀 있고, 그 사이 도민의 삶과 인식은 크게 달라졌다. 자연과 공공공간에 대한 시민의 요구는 더 분명해졌고, 환경과 경관, 접근권은 더 이상 부차적인 가치가 아니다.

기술의 문제인가, 의지의 문제인가

모악산 정상 개방을 가로막아온 가장 큰 이유는 늘 '기술적 한계'였다. 송신탑을 옮기면 방송과 긴급재난문자 송출에 문제가 생긴다는 우려였다. 그러나 이는 과거의 기술 환경을 기준으로 한 주장에 가깝다. 현재는 복수 송신 거점 분산, 도심 고지 타워 활용, 소형 중계소(갭필러) 보완 등 다양한 대안이 실증적으로 활용되고 있다.

특히 주목할 점은 옛 대한방직 부지에 추진 중인 470미터 관광 전망타워다. 이 도심 초고층 타워는 단순한 관광시설이 아니라, 전주 도심 전체를 아우르는 새로운 공공 인프라로 활용될 수 있다. 전망타워 상부에 통합 송·수신 설비를 설치하고, 이를 중심으로 전파망을 재구성한다면 모악산 정상에 집중되어 있던 기능을 상당 부분 이전·축소할 수 있다.

부산 황령산은 이미 이러한 모델을 현실화했다. 기존 송신탑을 철거하고, 신설 전망타워로 송신 기능을 통합 이전하는 방식으로 경관과 통신 안정성을 동시에 확보했다. 이는 "산 정상 송신탑은 반드시 남아 있어야 한다"는 통념이 더 이상 절대적이지 않다는 사실을 보여준다.

'완전 철거'만이 답이 아니다: 단계적 회복의 길

모악산 정상 회복을 논의할 때, 종종 '당장 철거가 가능한가'라는 질문에 갇히곤 한다. 그러나 현실적인 정책은 늘 단계적으로 완성된다. 중요한 것은 방향과 로드맵이다.

첫 단계는 공식적인 검토와 합의다. 전주시와 전북도, 김제·완주, 방송사, 중앙부처, 그리고 금산사가 참여하는 공식 협의체를 구성해야 한다. 이 자리에서 전파 기술 타당성 조사와 비용 산정, 재원 분담 구조를 투명하게 논의해야 한다.

두 번째 단계는 공존형 개방이다. 송신시설을 유지하되, 안전 구역을 재조정하고 전망 데크와 탐방 동선을 확보해 시민이 정상에 설 수 있도록 하는 것이다. 이는 철거 이전에도 충분히 가능한 조치다.

세 번째 단계는 기능 이전과 축소다. 관광전망타워와 도심 송신거점을 활용해 송신 기능을 분산·이전하고, 정상부 시설을 단계적으로 줄여 나간다.

마지막 단계는 철거와 복원이다. 철제 구조물이 사라진 자리에는 자연이 돌아오고, 정상은 생태·문화·사유의 공간으로 재탄생할 수 있다.

왜 지금이어야 하는가

지금이 아니면 또다시 기회는 멀어질지 모른다. 관광전망타워 건립이라는 도시 구조 변화, 자연과 공공공간에 대한 시민의식의 성장, 그리고 기술적 조건의 성숙이 동시에 맞물린 시점은 흔치 않다. 모악산 정상 회복은 단순한 산림 정책이 아니라 전주의 도시 철학과 전북의 공공성에 대한 선언이다. 정상은 단지 높은 곳이 아니다. 그곳은 우리가 어떤 도시, 어떤 공동체를 지향하는지를 보여주는 상징적 공간이다. 철탑과 철책 너머로 남겨둘 것인가, 아니면 도민 모두가 하늘과 땅을 함께 바라볼 수 있는 자리로 돌려줄 것인가.

도민에게 드리는 제안

이제 이 문제는 행정만의 과제가 아니다. 도민의 관심과 참여 없이는 어떤 변화도 완성될 수 없다. 모악산 정상은 전북의 역사와 삶을 내려다보아 온 자리다. 그 정상에 다시 도민이 서는 날, 우리는 자연을 소유하는 것이 아니라 자연과 함께 살아가는 선택을 했다고 말할 수 있을 것이다. 모악산의 정상은 누군가의 시설이 아니라, 도민 모두의 하늘이어야 한다.

이제 그 하늘을, 다시 우리 품으로 돌려줄 때다.

주민이 쓰고, 주민이 읽는 마을신문

— 지방자치의 풀뿌리 미디어, 지역신문 발행

지방자치는 법과 제도로만 완성되지 않는다. 제도가 있다 해도 주민이 참여하지 않으면 자치는 껍데기에 불과하다. 주민이 스스로 문제를 발견하고, 토론하고, 기록하고, 다시 행동으로 옮길 때 비로소 자치는 살아 움직인다. 그렇다면 지방자치를 움직이게 하는 가장 일상적이고도 강력한 힘은 무엇일까. 나는 그 답이 지역신문에 있다고 생각한다.

지역신문은 단순히 소식을 전하는 매체가 아니다. 그것은 주민이 자기 동네를 바라보는 눈이며, 공동체가 스스로를 이해하는 방식이다. 주민이 직접 쓰고, 이웃이 읽는 신문이 있을 때, 동네는 비로소 말하기 시작한다.

자치는 '알고 있음'에서 시작된다

주민 참여가 부족하다는 말은 흔하다. 그러나 참여가 부족한 이유를 묻는 질문은 상대적으로 적다. 주민이 참여하지 않는 가장 큰 이유는, 무슨 일이 벌어지고 있는지 알지 못하기 때문이다. 회의는 언제 열리는지, 결정은 어떻게 내려졌는지, 어떤 문제가 반복되고 있는지 모른다면 참여는 불가능하다.

행정의 공지나 SNS 알림은 정보를 전달할 수는 있지만, 주민의 언어로 문제를 풀어내지는 못한다. 반면 지역신문은 다르다. 같은 동네에서 살아가는 주민의 시선으로 쓰인 글은 행정 문서가 담아내지 못하는 맥락과 감정을 전한다. 누군가의 작은 불편, 동네 어르신의 기억, 아이들의 시선까지 함께 기록될 때, 동네는 단순한 행정구역을 넘어 공동체가 된다.

지역신문은 주민에게 "당신의 이야기가 중요하다"는 메시지를 전한다. 그 순간부터 자치는 시작된다.

이미 증명된 전주의 경험

전주시에는 이미 이 길을 먼저 걸어간 동네들이 있다. 송천동과 평화동에서는 주민 주도로 지역신문이 발행되어 왔고, 이 신문은 지역사회에 적지 않은 변화를 만들어냈다. 주민들은 신문을 통해 동네 소식을 알게 되었고, 서로의 얼굴과 생각을 이해하게 되었다. 주민자치회의 안건은 풍부해졌고, 마을 행사와 공론장은 이전보다 활기를 띠었다.

이 사례들이 보여주는 가장 중요한 사실은 이것이다. 지역신문은 전문가가 아니라 주민이 만들 때 가장 힘을 가진다는 점이다. 완벽한 문장이나 세련된 디자인보다 중요한 것은, '우리 동네 이야기'라는 진정성이다.

삼천동의 멈춘 시도, 그리고 남은 과제

삼천동 역시 과거 지역신문 발행을 시도한 경험이 있다. 그 시도는 충분히 의미 있었지만, 인력과 재정, 운영 구조의 한계로 지속되지 못했다. 이 경험은 실패라기보다 중요한 교훈이다. 무엇이 어려웠는지, 왜 지속되지 못했는지를 우리는 이미 알고 있다.

문제는 의지가 아니라 구조였다. 소수의 헌신에 의존했고, 안정적인 공간과 지원 체계가 부족했다. 그렇다면 다시 시작할 수 있는 조건은 분명하다. 개인의 열정이 아니라 공동의 구조, 일회성이 아니라 지속성이다.

삼천1·2·3동, 생활권으로 묶인 하나의 이야기

삼천동은 행정적으로 삼천1동, 2동, 3동으로 나뉘어 있지만, 주민의 삶은 이미 하나로 이어져 있다. 시장을 오가고, 산책로를 공유하고, 아이들은 같은 학교와 학원을 다닌다. 생활은 경계를 넘는데, 이야기는 나뉠 이유가 없다.

그래서 제안한다. 삼천1·2·3동을 하나의 지역신문으로 묶자.

이는 단순한 통합이 아니라, 자치의 단위를 행정동에서 생활권으로 확장하는 시도다. 세 동의 소식을 함께 다루고, 공통의 문제를 함께 고민할 때 더 넓은 연대와 참여가 가능해진다.

이 신문은 '어느 동의 신문'이 아니라, 삼천의 신문이 된다.

생활문화센터, 자치 언론의 거점

이 사업의 성패를 가르는 핵심은 '누가 주도하는가'다. 새로운 단체나 법인을 만드는 방식은 초기에는 의욕적일 수 있지만, 장기적으로는 부담이 크다. 대신 이미 주민의 신뢰를 얻고 있고, 공간과 경험을 갖춘 삼천생활문화센터를 거점으로 삼는 것이 가장 현실적이다.

생활문화센터는 단순한 시설이 아니다. 주민이 모이고, 배우고,

나누는 공간이다. 이곳을 지역신문의 편집실로, 기획 회의 공간으로, 주민 기자 교육의 장으로 활용한다면 자연스럽게 참여의 문턱은 낮아진다. 기자가 따로 있고 독자가 따로 있는 신문이 아니라, 쓰는 사람이 곧 읽는 사람인 신문이 만들어진다.

완벽함보다 중요한 것은 '계속함'

많은 시도가 중단되는 이유는 처음부터 너무 완벽을 꿈꾸기 때문이다. 지역신문 역시 마찬가지다. 처음부터 많은 면수를 채우고, 전문적인 디자인을 갖출 필요는 없다. 월 1회, 소박한 분량이라도 꾸준히 발행되는 것이 중요하다.

주민 한 사람이 한 달에 한 편의 글을 쓰고, 누군가는 사진을 찍고, 누군가는 교정을 돕는다. 이러한 작은 참여들이 쌓이면 신문은 자연스럽게 성장한다. 그 과정 자체가 이미 훌륭한 자치 교육이며 공동체 훈련이다.

재정은 '참여 방식'으로 풀어야 한다

지역신문의 재정 문제 역시 새로운 관점이 필요하다. 대규모 예산이나 광고 수익에 의존하기보다, 소액 후원과 자발적 참여를 기반으로 한 구조가 더 건강하다. 월 몇 천 원의 후원, 혹은 연 1회의 정기 참여만으로도 신문은 유지될 수 있다. 중요한 것은 돈의 크기가 아니라 참여의 방식이다. 주민이 후원자이자 제작자가 될 때, 신문은 쉽게 사라지지 않는다.

효자동으로, 전주 전역으로

삼천동의 지역신문 모델은 다른 지역으로 확장될 수 있다. 효자동에는 이미 효자생활문화센터라는 든든한 기반이 있다. 삼천동에서 쌓은 경험과 노하우를 공유한다면, 효자동 역시 충분히 지역신문을 발행할 수 있다.

이렇게 생활문화센터를 거점으로 한 지역신문들이 하나둘 생겨난다면, 전주는 행정 중심의 도시를 넘어 주민 기록과 주민 언론이 살아 있는 도시로 거듭날 수 있다. 각 동네의 신문은 서로 경쟁하지 않는다. 서로의 이야기를 연결하며 전주의 다층적인 목소리를 만들어낸다.

자치는 멀리 있지 않다

지방자치는 거창한 구호에서 시작되지 않는다. 이웃의 이름을 알고, 동네의 소식을 나누며, 작은 문제를 함께 이야기하는 데서 출발한다. 지역신문은 그 모든 과정을 담아내는 그릇이다. 삼천동의 지역신문은 단순한 인쇄물이 아니다. 그것은 주민이 자기 삶을 스스로 기록하겠다는 선언이며, 자치를 일상으로 끌어들이는 가장 현실적인 실천이다.

이제 다시 시작해도 늦지 않다.

삼천1·2·3동이 함께 만드는 한 장의 신문에서,

전주의 자치는 다시 한 걸음 앞으로 나아갈 수 있다.

시민의 삶을 위한 전신주 지중화 사업

— 삼천동 농촌마을 전신주 지중화는 '형평'의 문제다

아침에 창문을 열면 모악산이 보인다. 삼천동 농촌마을에서 살아가는 주민들에게 모악산은 늘 그렇게 하루의 시작을 함께하는 존재다. 계절마다 색을 달리하는 산의 능선은 그 자체로 위안이자 자부심이다. 그러나 그 산을 바라보는 시야 한가운데에는 언제나 전신주와 전선이 가로놓여 있다. 수많은 전력선과 통신선이 얽히고설켜 하늘을 가르고 자연의 흐름을 끊어 놓는다. 모악산의 기운이 마을로 흘러들기 전에 전선이 먼저 시선을 가로막는다.

이것은 단지 미관의 문제가 아니다. 삶의 환경, 지역의 존엄, 그리고 도시 정책의 형평성에 관한 문제다.

농촌마을이라는 이유로 남겨진 풍경

삼천동의 농촌마을은 전주 도심과 멀지 않다. 그러나 정책의 시선에서는 늘 '외곽'에 머물러 왔다. 인구 밀집도가 낮고, 경제적 효율성이 떨어진다는 이유로 전신주 지중화 사업에서 후순위로 밀려났다. 도시 중심부와 대로변, 상업지역에서는 이미 지중화가 상당 부분 완료되었고, 지금도 계속 진행 중이다. 땅속으로 들어간 전선 덕분에 거리는 넓어졌고, 하늘은 비워졌다.

반면 삼천동 농촌마을의 골목골목에는 여전히 전신주가 서 있다. 좁은 길 옆에 세워진 전신주, 농로 위로 늘어진 전선, 마을 입구마다 얽히고설킨 통신선은 오랜 시간 '어쩔 수 없는 풍경'으로 받아들여져 왔다. 그러나 과연 그것이 정말 어쩔 수 없는 일이었을까.

전신주는 효율의 문제 이전에 안전의 문제다.

전신주가 남아 있다는 것은 단지 보기 불편하다는 의미에 그치지 않는다. 강풍과 폭설이 오면 전선은 흔들리고, 노후 전신주는 언제 넘어질지 모른다는 불안을 안고 있다. 농번기에는 대형 농기계가 마을을 오가며 전선과의 충돌 위험에 노출된다. 아이들과 노인들이 다니는 골목길 위로 늘어진 전선은 안전사고의 잠재적 원인이다.

도시에서는 이러한 위험을 이유로 지중화가 당연한 선택으로 여겨진다. 그런데 왜 농촌마을에서는 같은 위험이 묵인되는가. 사람이 적게 산다는 이유로, 위험 또한 적다고 말할 수는 없다.

계획조차 없는 지역이라는 현실

더 심각한 문제는 삼천동 농촌마을이 지중화 사업에서 '늦어지고 있다'는 점이 아니라, 계획 자체가 없다는 사실이다. 전주시 대부분 지역에서는 지중화 중장기 계획이 수립되어 있고, 연차별로 사업이 진행되고 있다. 그러나 삼천동 농촌마을은 언제, 어떤 방식으로 지중화가 이루어질지에 대한 로드맵조차 제시되지 않았다.

이것은 단순한 행정 지연이 아니다. 정책의 사각지대에 놓여 있다는 의미다. 주민들은 늘 같은 질문을 던진다. "우리는 언제쯤 지중화가 되는가?" 그러나 돌아오는 답은 늘 모호하다. 예산이 부족하다는 말, 효율성이 낮다는 설명, 우선순위가 아니라는 판단이 반복될 뿐이다.

효율이 아닌 형평의 기준으로

공공정책은 효율만으로 결정될 수 없다. 특히 생활 환경과 안전에 관한 정책은 형평이라는 기준이 함께 작동해야 한다. 도심과 농촌, 인구가 많은 곳과 적은 곳 모두가 최소한의 생활 환경을 보장받아야 한다.

전신주 지중화는 더 이상 '미관 개선 사업'이 아니다. 그것은 삶의 질을 보장하는 기본 인프라 사업이다. 하늘이 열리고, 골목이 넓어지고, 위험 요소가 사라지는 변화는 주민의 일상을 근본적으로 바꾼다. 이 변화가 왜 특정 지역에만 허락되어야 하는가.

모악산의 풍경을 온전히 되돌리기 위해

삼천동 농촌마을에서 바라보는 모악산은 특별하다. 도심에서 바라보는 산과 달리, 논과 밭 너머로 이어지는 풍경 속에서 모악산은 생활의 일부가 된다. 그러나 그 풍경은 전신주와 전선으로 끊임없이 훼손된다. 산의 능선을 따라 흐르는 시선은 전선에 걸리고, 하늘의 여백은 전신주로 채워진다.

모악산 정상의 철탑을 걷어내자는 논의가 시작된 지금, 마을 아래에서부터 이어지는 풍경 역시 함께 돌아봐야 한다. 정상만 열리고, 마을의 하늘이 닫혀 있다면 그것은 온전한 회복이 아니다.

단계적 지중화라는 현실적인 해법

삼천동 농촌마을 전신주 지중화는 단번에 모든 것을 바꾸자는 제안이 아니다. 현실적인 해법은 분명하다. 마을 진입로, 보행과 차량 통행이 잦은 구간, 주거 밀집 골목부터 단계적으로 추진하면 된다. 지중화 공사를 도로 정비, 배수로 개선, 가로등 교체와 연계하면 비용과 불편을 줄일 수 있다. 문제는 가능성의 부재가 아니라 의지와 계획의 부재다.

농촌마을도 도시의 일부다

삼천동 농촌마을은 전주의 외곽이 아니다. 그곳 역시 전주이며, 전주의 역사와 자연을 품은 공간이다. 농촌이라는 이유로 뒤로 밀려나서는 안 된다. 오히려 도시와 자연을 잇는 중요한 완충지대이자, 전주의 얼굴이 될 수 있는 곳이다. 지중화 사업은 단순히 전신주를 없애는 일이 아니다. 그것은 농촌마을을 '관리 대상'이 아니라 함께 살아갈 공간으로 인정하는 행정의 태도다.

이제는 질문을 바꿔야 한다

"삼천동 농촌마을에 지중화를 할 수 있는가?"가 아니라, "언제,

어떤 방식으로 할 것인가?"를 묻는 단계로 나아가야 한다. 계획을 세우고, 연차를 정하고, 주민과 소통하며 하나씩 실행해 나가는 것. 그것이 지방자치의 책임이다. 전신주가 서 있는 풍경을 당연하게 받아들이는 순간 정책은 멈춘다.

하늘을 비우는 일은 마음을 여는 일이다. 전선이 사라진 하늘은 단순히 깨끗해지는 것이 아니다. 그 하늘 아래에서 살아가는 사람들의 마음도 함께 열리게 된다. 골목이 넓어지고, 시야가 트이고, 위험이 줄어들면 마을은 다시 숨을 쉰다. 삼천동 농촌마을의 전신주 지중화는 거창한 개발이 아니다. 존엄한 일상의 회복이다. 모악산을 향해 가로막힌 시선을 걷어내는 일이며, 농촌마을도 도시와 동등하게 존중받아야 한다는 선언이다.

이제 전주시가 답해야 할 차례다.

명품 삼천동을 그려본다

— 주차와 복지가 삶을 바꾼다

어떤 동네를 '명품'이라고 부를 수 있을까.

높은 건물과 화려한 상권이 들어서면 명품이 되는가, 아니면 유명한 브랜드가 들어오면 되는가. 나는 다르게 생각한다. 주민이 덜 불편하고, 덜 외롭고, 조금 더 존엄하게 살아갈 수 있는 동네, 그곳이 진짜 명품 동네다.

삼천동은 전주의 오랜 생활터전이다. 수십 년을 살아온 주민들이 있고, 골목마다 삶의 기억이 쌓여 있다. 그러나 지금의 삼천동은 '살기 좋은 동네'라 말하기엔 너무 많은 불편을 안고 있다. 노후한 주택, 비좁은 골목길, 늘 부족한 주차 공간, 그리고 고령화 속에서 점점 드러나는 복지의 공백. 이 문제들을 해결하지 않고서는 삼천동을 명품이라 부를 수 없다.

구도심 삼천동의 현실, 불편이 일상이 되다

삼천동은 전형적인 구도심이다. 주택의 상당수가 오래되었고, 도시가 확장되기 전 형성된 골목 구조는 오늘의 생활을 감당하기엔 지나치게 좁다. 차량 한 대가 지나가면 보행자는 벽에 붙어야 하고, 응급차나 소방차 진입이 어려운 골목도 적지 않다.

그중에서도 주민들이 가장 크게 체감하는 문제는 주차다. 집 앞에 차를 세울 수 없는 날이 다반사이고, 밤이 되면 골목은 주차 전쟁터가 된다. 주차 공간을 찾지 못해 동네를 몇 바퀴씩 도는 일은 일상이 되었고, 그 과정에서 이웃 간 갈등도 생긴다. 주차 문제는 단순한 불편을 넘어 삶의 피로를 누적시키는 구조적 문제다.

명품 동네의 출발점은 공용주차장이다

삼천동을 명품으로 만들기 위한 첫 번째 과제는 분명하다. 공용주차장을 대폭 확충하는 것이다. 개인의 노력으로는 해결할 수 없는 문제를 공공이 책임져야 한다.

소규모 자투리 땅, 공공부지, 활용도가 낮은 유휴 공간을 발굴해 생활권 단위의 공용주차장을 조성해야 한다. 대형 주차장 한두 곳이 아니라, 걸어서 3~5분 안에 접근 가능한 소규모 주차장을 여러

곳에 만드는 방식이 현실적이다. 이는 차량 통행을 줄이고 골목의 안전을 높이는 효과도 함께 가져온다.

주차 공간이 확보되면 골목은 달라진다. 불법 주차가 줄고, 보행 공간이 확보되며, 이웃 간 갈등도 완화된다. 주차장은 단순한 시설이 아니라 동네의 질서를 회복하는 인프라다.

고령화 삼천동, 복지는 선택이 아니라 필수다

삼천동의 또 다른 현실은 고령화다. 오랜 시간 이곳에 살아온 어르신들이 많고, 경제적으로 넉넉하지 않은 가구도 적지 않다. 그러나 삼천동에는 이분들을 온전히 품을 수 있는 종합적인 복지 공간이 부족하다.

명품 삼천동을 이야기한다면 반드시 포함되어야 할 두 번째 축은 노인과 경제적 약자를 위한 복지관 설립이다. 이 복지관은 단순한 행정 시설이 아니라, 동네의 중심이 되는 공간이어야 한다.

복지관은 '시혜의 공간'이 아니라 '존엄의 공간'

삼천동에 필요한 복지관은 단순히 복지 혜택을 나눠주는 곳이 아니다. 어르신들이 하루에 한 끼 따뜻한 식사를 할 수 있는 무료 급식 공간, 건강 상담과 여가 프로그램이 이루어지는 생활 복지의 거점, 그리고 혼자 사는 노인들이 사람을 만날 수 있는 사회적 연결의 공간이어야 한다.

경제적 약자에게 무료 급식은 생존의 문제이지만, 그 이상으로 존엄의 문제다. 줄 서서 받는 시혜가 아니라, 당당히 식탁에 앉아 식사할 수 있는 공간이 필요하다. 복지관은 이웃이 이웃을 돌보는 공동체의 얼굴이 되어야 한다.

주차와 복지는 따로가 아니라 함께 가야 한다

공용주차장과 복지관은 별개의 정책처럼 보이지만, 실제로는 서로 연결되어 있다. 주차장이 확보되어야 복지관 접근성이 높아지고, 복지관이 활성화되면 동네의 중심이 생긴다. 두 시설은 함께 배치되고 함께 설계되어야 한다.

예를 들어, 복지관과 공용주차장을 결합한 복합 시설을 조성할 수 있다. 낮에는 복지관 이용자와 인근 주민이, 밤에는 인근 주택 거주자가 함께 사용하는 구조다. 이러한 복합화는 공간 활용도를 높이고, 예산 효율성도 함께 높일 수 있다.

삼천동이 명품이 되기 위한 행정의 역할

이 모든 변화는 주민의 요구만으로는 이루어질 수 없다. 행정의 결단과 계획이 필요하다. 삼천동을 구도심 정비의 우선 지역으로 지정하고, 중장기적인 생활환경 개선 로드맵을 제시해야 한다.

특히 중요한 것은 주민과의 소통이다. 주차장 부지 선정, 복지관 위치, 운영 방식은 행정이 일방적으로 정할 문제가 아니다. 주민 설명회와 의견 수렴 과정을 통해 동네가 스스로 만들어가는 명품 전략이 되어야 한다.

명품은 화려함이 아니라 지속성이다

명품 동네는 단기간에 완성되지 않는다. 눈에 띄는 개발보다 중요한 것은 지속 가능한 삶의 구조다. 주차가 해결되고, 복지가 촘촘해지면 주민은 떠나지 않는다. 오래 산 사람이 남아 있고, 새로운 세대도 유입된다.

삼천동이 명품이 된다는 것은, 이곳에 사는 사람이 "여기서 계속 살고 싶다"고 말할 수 있는 동네가 되는 것이다. 그것이야말로 어떤 개발보다 값진 성과다.

이제 삼천동의 미래를 선택할 때다

삼천동은 낡았지만 가능성이 많은 동네다. 골목에는 여전히 사람이 있고, 이웃이 있고, 삶이 있다. 이제 필요한 것은 이 삶을 지탱해 줄 주차와 복지라는 두 개의 기둥이다.

명품 삼천동은 먼 미래의 이야기가 아니다.

공용주차장을 하나씩 만들고, 복지관 하나를 세우는 것에서 시작된다.

그 작은 선택들이 모여 삼천동의 품격을 만든다.

이제 삼천동을 더 이상 '불편한 동네'로 남겨두지 말자.

주민의 삶이 편안해지는 순간, 삼천동은 이미 명품이 되어 있을 것이다.

시장이 살아야 동네가 산다

— 서부시장을 '혁신의 시장'으로 다시 세우자

도시는 시장에서 숨을 쉰다.

사람이 모이고, 말이 오가고, 물건이 손에서 손으로 건네지는 공간에서 도시는 비로소 살아 있음을 증명한다. 효자1동의 서부시장은 그런 의미에서 이 동네의 심장과도 같은 곳이다. 그러나 지금의 서부시장은 예전의 활기를 잃어가고 있다. 가게 문을 닫은 점포가 늘고, 오가는 발걸음은 줄었으며, 젊은 세대의 기억 속에서 시장은 점점 희미해지고 있다.

하지만 분명히 말할 수 있다. 서부시장이 살아나면 효자1동은 다시 살아난다. 시장은 단순한 상업 공간이 아니라, 지역 공동체의 중심이며 삶의 온도를 결정하는 장소이기 때문이다.

쇠퇴의 원인을 직시해야 혁신이 시작된다

서부시장의 어려움은 하루아침에 생긴 것이 아니다. 대형마트와 온라인 유통의 확산, 소비 방식의 변화, 상인 고령화, 시설 노후화가 겹치며 오랜 시간 누적된 결과다. 문제는 시장이 뒤처졌다는 사실이 아니라, 변화의 속도를 따라갈 수 있는 구조가 부족했다는 점이다.

전통시장이라는 이름 아래 '그대로 두는 것'이 보호라고 여겨졌지만, 현실은 달랐다. 변화하지 못한 시장은 점점 생활권에서 멀어졌고, 주민들의 일상 소비 공간에서 배제되기 시작했다. 혁신은 선택이 아니라 생존의 조건이 되었다.

서부시장의 가능성은 여전히 크다. 그럼에도 서부시장은 충분한 가능성을 지니고 있다. 효자1동은 주거 인구가 탄탄하고, 인근에 학교와 공공시설, 아파트 단지가 밀집해 있다. 시장이 생활형 소비와 문화 공간으로 재구성된다면 안정적인 이용층을 확보할 수 있다. 문제는 어떤 방향으로 바꿀 것인가다.

혁신의 핵심은 '새로 짓는 것'이 아니라, 기존의 자산을 새롭게 쓰는 것이다. 서부시장이 가진 역사, 사람, 위치는 여전히 강점이다. 이를 오늘의 생활에 맞게 재해석하는 것이 중요하다.

'물건만 파는 시장'에서 '머무는 시장'으로

첫 번째 혁신 방향은 시장의 기능 확장이다. 지금의 시장은 여전히 '사러 갔다가 바로 나오는 공간'에 머물러 있다. 그러나 이제 시장은 머무는 공간이 되어야 한다. 장을 보러 왔다가 커피를 마시고, 이웃을 만나고, 간단한 식사를 하며 시간을 보내는 공간으로 변해야 한다.

이를 위해서는 공용 휴식 공간, 소규모 먹거리 공간, 문화 프로그램이 결합된 구조가 필요하다. 시장 한편에 작은 무대와 쉼터를 만들고, 주말마다 소규모 공연이나 플리마켓을 열 수 있다면 시장은 단순한 상업 공간을 넘어 생활 문화 공간으로 확장된다.

청년과 상인이 함께하는 혁신 구조

두 번째 혁신은 사람이다. 서부시장의 상인 대부분은 오랜 시간 이곳을 지켜온 분들이다. 그 경험은 시장의 가장 큰 자산이지만, 동시에 변화에 대한 부담으로 작용하기도 한다. 여기서 중요한 것은 '세대 교체'가 아니라 세대 협업이다.

청년 창업자와 기존 상인이 함께할 수 있는 구조를 만들어야 한다. 빈 점포를 활용한 청년 상점, 단기 팝업 스토어, 공동 브랜드 개발 등을 통해 새로운 아이디어가 시장 안으로 들어올 수 있다. 기존 상인은 경험을 나누고, 청년은 디지털과 기획을 보완하는 방식이다. 이러한 협업은 시장의 체질을 바꾸는 동시에 상인 스스로 변화의 주체가 되게 한다.

시장 운영의 방식도 바뀌어야 한다

시설 개선이나 프로그램만으로는 한계가 있다. 운영 방식의 혁신이 반드시 병행되어야 한다. 시장 상인회와 행정, 그리고 지역 주민이 함께 참여하는 운영 협의체를 구성해 장기적인 비전을 공유해야 한다. 특히 중요한 것은 데이터 기반 운영이다. 어떤 시간대에 사람이 몰리는지, 어떤 품목이 부족한지, 어떤 연령대가 주 이용층인지에 대한 분석을 통해 전략적으로 시장을 운영해야 한다. 이는 대형 유통업체의 전유물이 아니라, 이제 전통시장도 적극적으로 활용해야 할 도구다.

접근성과 환경, 기본을 놓치지 말아야 한다

혁신은 화려함보다 기본에서 시작된다. 서부시장을 찾기 어려운 이유 중 하나는 주차와 보행 환경이다. 최근 시장 인근에 공용주차 공간을 확보하여 주차 환경은 많이 개선되었으나, 보행 동선은 여전히 불편하다. 시장으로 이어지는 보행 동선을 정비하여 비 오는 날에도 유모차를 끌고도 편하게 들어올 수 있는 시장이 되어야 한다.

또한 노후된 시설 개선과 함께 위생과 안전에 대한 신뢰를 회복하는 것도 필수다. 깨끗하고 안전한 시장은 혁신의 최소 조건이다.

효자1동의 삶과 연결되는 시장

서부시장은 따로 존재하는 공간이 아니다. 효자1동의 삶과 연결될 때 비로소 의미를 갖는다. 인근 학교와 연계한 청소년 체험 프로그램, 주민 동아리와 함께하는 행사, 지역 복지관과 연계한 나눔장터 등 시장은 동네의 다양한 활동과 자연스럽게 엮일 수 있다.

이렇게 될 때 시장은 단순한 소비 공간이 아니라 동네의 플랫폼이 된다. 사람들은 물건을 사지 않아도 시장에 오고, 그 과정에서 소비는 자연스럽게 이루어진다.

'전통'과 '혁신'은 반대말이 아니다

전통시장을 혁신하자고 하면, 전통을 버리는 것처럼 오해하는 경우가 많다. 그러나 진정한 전통은 살아남는 것이다. 시대에 맞게 변하면서도 본질을 지키는 것이 전통이다. 서부시장의 본질은 사람 냄새, 관계, 일상성이다. 이를 지키기 위해서라도 혁신은 필요하다.

서부시장은 효자1동의 미래다

효자1동이 활력을 되찾기 위해서는 상징적인 변화가 필요하다. 그 중심에 서부시장이 있다. 시장이 살아나면 사람의 흐름이 생기고, 골목이 밝아지고, 동네에 이야기가 생긴다. 이는 어떤 개발 사업보다 강력한 효과를 낳는다.

서부시장을 혁신의 시장으로 만드는 일은 단기간의 성과를 위한 프로젝트가 아니다. 동네의 미래를 다시 설계하는 일이다. 상인과 주민, 행정이 함께 방향을 잡고 천천히 그러나 꾸준히 나아가야 한다.

이제 질문을 바꿀 때다.

"서부시장을 지킬 것인가"가 아니라,

"서부시장을 어떻게 살아 있게 할 것인가"를 묻자.

서부시장이 다시 숨 쉬는 날,

효자1동은 분명 지금보다 더 따뜻하고 활기찬 동네가 되어 있을 것이다.

주민을 잇는 '마을공동체'

— 행정의 사업을 넘어, 주민의 삶으로 이어지는 공동체를 위하여

도시가 오래될수록 중요한 것은 새로 짓는 일이 아니라, 사람 사이의 관계를 다시 잇는 일이다. 효자1동은 전주의 대표적인 구도심 중 하나다. 오래된 주택과 골목, 오랜 이웃과 생활의 기억이 켜켜이 쌓여 있다. 그러나 그만큼 단절도 깊어졌다. 이웃의 얼굴을 알기 어렵고, 동네의 문제를 함께 이야기할 공간은 줄어들었다. 효자1동이 안고 있는 많은 현안은 물리적 환경의 문제가 아니라, 공동체의 약화에서 비롯된 측면이 크다.

이 지점에서 우리는 다시 질문해야 한다. 효자1동을 살리는 힘은 어디에서 나와야 하는가. 그 답은 분명하다. 마을공동체사업, 즉 주민이 주체가 되는 생활 속 자치에서 시작되어야 한다.

마을공동체사업, 왜 효자1동인가

마을공동체사업은 새로운 개념이 아니다. 이미 여러 지역에서 시도되었고, 성과와 한계도 모두 경험했다. 중요한 것은 '사업을 했느냐'가 아니라, 동네의 조건에 맞게 작동했느냐다.

효자1동은 마을공동체사업을 펼치기에 오히려 적합한 조건을 갖고 있다. 장기 거주자가 많고, 생활권이 명확하며, 서부시장이라는 중심 공간이 있다. 동시에 고령화, 주차난, 상권 침체, 주거 노후화 등 해결해야 할 생활 과제가 분명하다. 이는 곧 공동체가 개입할 수 있는 여지가 많다는 뜻이기도 하다.

효자1동 공동체의 출발점은 '관계 회복'

마을공동체사업의 첫걸음은 거창한 프로그램이 아니다. 서로를 다시 아는 것이다. 효자1동에는 오랫동안 같은 골목에서 살아왔지만, 서로의 이름을 모르는 이웃이 많다. 이는 개인의 무관심 때문이 아니라, 관계를 만들 기회가 사라졌기 때문이다.

공동체사업은 이 관계의 틈을 메우는 역할을 해야 한다. 골목 모임, 작은 밥상 공동체, 생활 소모임 같은 일상적 만남이 필요하다. 이러한 활동은 예산보다 공간과 계기가 중요하다. 효자1동의 유휴 공간, 마을회관, 상가의 빈 공간, 서부시장 인근 공간을 활용해 '만날 수 있는 이유'를 만드는 것이 핵심이다.

서부시장과 마을공동체의 결합

효자1동에서 마을공동체사업을 이야기할 때 서부시장을 빼놓을 수 없다. 시장은 상업 공간이자, 동네 사람들이 가장 자연스럽게 모이는 장소다. 마을공동체사업은 이 공간과 결합될 때 힘을 얻는다.

예를 들어, 서부시장 내 또는 인근에 마을 공동체 거점 공간을 마련할 수 있다. 주민 회의, 공동 식사, 작은 문화 프로그램이 가능한 공간이다. 상인과 주민이 함께 참여하는 시장 살리기 프로젝트, 마을 축제, 공동 장터는 공동체사업과 상권 활성화를 동시에 이룰 수 있다. 이는 '시장 지원 사업'과 '마을공동체사업'을 따로 보지 않고 하나의 생활 정책으로 엮는 방식이다.

고령화 대응, 공동체가 복지가 되다

효자1동의 중요한 과제 중 하나는 고령화다. 그러나 노인을 '돌봄의 대상'으로만 바라보는 접근은 한계가 있다. 마을공동체사업은 노인을 공동체의 주체로 다시 세울 수 있는 가능성을 갖고 있다.

어르신들이 가진 삶의 경험과 기술, 이야기는 공동체의 자산이다. 밥상 모임의 주체, 아이 돌봄의 조언자, 마을 기록자로서 역할을 할 수 있다. 공동체사업을 통해 어르신이 참여하고, 기여하고, 인정받는 구조를 만들 때 복지는 시혜가 아니라 존엄의 문제로 전환된다.

주차 · 환경 문제도 공동체로 풀 수 있다

효자1동의 만성적인 주차 문제 역시 공동체적 접근이 필요하다. 물론 공영주차장 확충이라는 물리적 대책은 중요하다. 그러나 동시에 주민 간 합의와 협력이 없으면 갈등은 반복된다.

마을공동체사업을 통해 주차 공유 협약, 시간대별 주차 이용 원칙, 골목 안전 규칙 등을 주민 스스로 논의하고 정할 수 있다. 이러한 과정은 단기간에 성과를 내지 않을 수 있지만, 장기적으로는 갈등을 줄이고 신뢰를 쌓는다. 공동체는 규칙을 강제하지 않고 합의로 만든다.

아이와 청년이 돌아오는 공동체

효자1동이 지속 가능한 공동체가 되기 위해서는 아이와 청년의 참여가 필수다. 마을공동체사업은 세대 간 연결을 만드는 중요한 장치가 될 수 있다.

방과 후 프로그램, 마을 탐방, 지역 기록 프로젝트, 청년 참여형 소규모 프로젝트는 아이와 청년이 동네를 '떠날 곳'이 아니라 '머물 수 있는 곳'으로 인식하게 만든다. 특히 청년이 공동체사업의 기획과 운영에 참여할 수 있도록 구조를 열어두는 것이 중요하다.

행정의 역할, '지원자'로 전환되어야 한다

마을공동체사업이 성공하기 위해 가장 중요한 전제는 행정의 태도 변화다. 행정은 계획자나 관리자가 아니라, 지원자이자 동반자가 되어야 한다. 공동체는 행정이 대신 만들어줄 수 없다.

효자1동에 필요한 것은 단기 성과를 요구하는 사업이 아니라, 최소 3~5년을 내다보는 중장기 공동체 로드맵이다. 실패를 허용하고, 속도를 강요하지 않으며, 주민이 스스로 배우고 성장할 시간을 보장해야 한다.

공동체는 결과가 아니라 과정이다

마을공동체사업은 눈에 보이는 성과로만 평가하기 어렵다. 사람

사이의 신뢰, 동네에 대한 애착, 문제를 함께 해결해 본 경험은 수치로 환산되지 않는다. 그러나 이러한 과정이 쌓일 때, 동네는 분명히 달라진다.

효자1동의 변화는 화려한 개발에서 시작되지 않는다. 골목에서 인사를 나누고, 시장에서 함께 밥을 먹고, 문제를 이야기하는 작은 장면에서 시작된다. 마을공동체사업은 그 장면을 가능하게 하는 토대다.

효자1동의 내일을 함께 만드는 선택

효자1동은 아직 충분히 가능성이 있는 동네다. 사람도 있고, 공간도 있고, 이야기도 있다. 지금 필요한 것은 이 자원을 다시 연결하는 일이다. 마을공동체사업은 그 연결의 가장 현실적인 도구다.

이제 효자1동의 미래를 이렇게 그려보자.

행정이 주도하는 동네가 아니라, 주민이 함께 가꾸는 동네.

사업이 끝나면 사라지는 공동체가 아니라, 삶으로 이어지는 공동체.

효자1동의 변화는 거창하지 않아도 된다.

다만, 사람이 중심에 있어야 한다.

그 선택이 효자1동을 다시 살아 있는 동네로 만들 것이다.

송재영의 설레는 이야기

전주가 설레기 시작했다

인쇄 2026년 01월 20일
발행 2026년 01월 24일

지은이 송재영
발행인 서정환
펴낸곳 신아출판사
주소 전북특별자치도 전주시 완산구 공북 1길 16
전화 (02) 3675-3885 (063) 275-4000
팩스 (063) 274-3131
이메일 sina321@hanmail.net
출판등록 제465-1984-000004호
인쇄 · 제본 신아문예사

ISBN 979-11-24068-52-6 03810
값 20,000원

Printed in KOREA